Rivoluzione Verde: Cultivando el Futuro Sin Suelo

Guía Completa de la Hidroponía y Acuaponía: Técnicas, Innovaciones y Estrategias para una Agricultura Sostenible y Rentable.

Autor VerdeAgua

1. Introducción a la Hidroponía y Acuaponía

- Definición y diferencias fundamentales.
- Breve historia y desarrollo de las técnicas.

2. Principios Básicos de la Hidroponía

- Cómo funciona la hidroponía.
- Ventajas y desafíos de la hidroponía.

3. Principios Básicos de la Acuaponía

- Integración de peces y plantas.
- Beneficios del ecosistema simbiótico.

4. Componentes y Equipamiento Esenciales

- Reservorios, bombas, luces, sustratos.

- Herramientas de monitoreo y mantenimiento.

5. Sistemas Hidropónicos Populares

- DWC (Cultivo en Agua Profunda), NFT (Técnica de Película Nutriente), y otros.

- Pros y contras de cada sistema.

6. Configuración de un Sistema Acuapónico

- Selección de peces y plantas.

- Equilibrio del ecosistema.

7. Nutrición y pH: Factores Críticos para el Crecimiento

- Cómo equilibrar los nutrientes en ambos sistemas.

- La importancia del monitoreo del pH.

8. Manejo de Plagas y Enfermedades

- Prevención y tratamiento en un entorno sin suelo.

- Enfoques orgánicos y sostenibles.

9. Integración de Hidroponía y Acuaponía

- Creación de sistemas híbridos para maximizar los beneficios.

- Consideraciones prácticas y logísticas.

10. Casos de Estudio y Éxitos Comerciales - Ejemplos reales de empresas y granjas que utilizan estas técnicas. - Lecciones aprendidas y mejores prácticas.

11. El Impacto Ambiental y la Sostenibilidad - Uso del agua y impacto ecológico. - Contribución a la seguridad alimentaria y la agricultura urbana.

12. Automatización y Tecnología en el Sector - Soluciones de alta tecnología

para la monitorización y gestión. - Futuras innovaciones en el campo.

13. Costos, ROI y Consideraciones Económicas - Inversiones iniciales y costos operativos. - Cómo determinar la rentabilidad.

14. Conclusión: El Futuro de la Hidroponía y la Acuaponía - Perspectivas de crecimiento del sector. - Oportunidades y desafíos futuros.

15. Apéndice: Recursos y Guías Prácticas - Libros, cursos, asociaciones y recursos en línea. - Guías paso a paso para comenzar.

1. Introducción a la Hidroponía y Acuaponía
2.

Definición y diferencias fundamentales:
La **hidroponía** es una forma de agricultura que no utiliza suelo. En lugar de plantar en el terreno, las plantas se cultivan en una solución acuosa enriquecida con nutrientes minerales. Este método permite que las plantas reciban directamente los nutrientes que necesitan, sin tener que buscarlos en el suelo. Como resultado, muchas plantas crecen más rápido y producen mayores rendimientos en comparación con la agricultura tradicional.

Por otro lado, la **acuaponía** combina el cultivo de plantas con la acuicultura (la cría de peces). En un sistema acuapónico, el agua que contiene los excrementos de los peces se bombea desde los tanques de peces a los tanques de las plantas. Aquí, bacterias beneficiosas convierten los excrementos en nutrientes utilizables por las plantas. Una vez que las plantas han absorbido estos nutrientes, el agua se filtra y se recircula en el tanque de los peces. Es un sistema simbiótico en el que los peces y las plantas se ayudan mutuamente.

Breve historia y desarrollo de las técnicas: La idea de cultivar plantas en soluciones de nutrientes en lugar de suelo se remonta a los experimentos de botánicos del siglo XIX. Sin embargo, fue solo en el siglo XX que la hidroponía comenzó a considerarse como una solución práctica para el desafío de cultivar alimentos en entornos hostiles, como áreas desérticas o espaciales.

La acuaponía, aunque se basa en principios antiguos de agricultura sostenible, se volvió popular solo en las últimas décadas. Los primeros sistemas modernos de acuaponía se desarrollaron en las décadas de 1970 y 1980, a menudo como proyectos de investigación universitaria. Desde entonces, la técnica ha suscitado un interés creciente tanto como pasatiempo como práctica comercial.

En resumen, tanto la hidroponía como la acuaponía representan enfoques innovadores para la agricultura que ofrecen soluciones sostenibles a las crecientes necesidades alimentarias de nuestro planeta. Ambas técnicas continúan evolucionando con nuevas investigaciones y desarrollos que las hacen cada vez más eficientes y efectivas.

Vantaggi e benefici: Las técnicas de cultivo **hidropónico** y **acuapónico** presentan una serie de ventajas significativas respecto a los métodos tradicionales de agricultura.

1. **Eficiencia del agua:** Ambas técnicas utilizan mucho menos agua que la agricultura convencional, lo cual es especialmente beneficioso en regiones con escasez de agua.

2. **Control total de las condiciones de crecimiento:** Sin la variabilidad del suelo, los cultivadores tienen un control directo sobre los nutrientes que reciben las plantas. Esto puede llevar a plantas más saludables y cosechas más abundantes.

3. **Espacio optimizado:** El cultivo hidropónico y acuapónico puede realizarse de manera vertical, lo que significa que se puede producir más comida en un espacio reducido, lo que lo hace ideal para entornos urbanos o áreas con espacio limitado.

4. **Reducción de enfermedades y plagas:** Dado que no hay suelo, muchas de las enfermedades y plagas comunes del suelo no representan una amenaza.

5. **Crecimiento acelerado de las plantas:** En condiciones ideales, las plantas pueden crecer más rápido al tener acceso directo a todos los nutrientes que necesitan.

Definición de sistemas y equipos: Existen diversas configuraciones y equipos específicos utilizados tanto en la hidroponía como en la acuaponía. Por ejemplo, en la hidroponía, hay sistemas de película nutritiva (NFT), sistemas de flujo y reflujo, aeroponía y muchos otros. Cada uno tiene ventajas y desventajas específicas, así como diversas consideraciones logísticas.

En la acuaponía, las consideraciones incluyen el tipo de peces a utilizar (tilapia y carpas koi son comunes), así como el control del pH del agua y el equilibrio entre peces y plantas. En ambos casos, es fundamental contar con una adecuada circulación de agua y un sistema de iluminación (natural o artificial) apropiado para las plantas que se desean cultivar.

Sostenibilidad e impacto ambiental: La hidroponía y la acuaponía suelen elogiarse por su sostenibilidad. Al utilizar menos recursos y generar menos residuos, ambas técnicas pueden tener un impacto positivo en el medio ambiente. Por ejemplo, la acuaponía crea un ecosistema cerrado en el que se recicla el agua, lo que reduce el consumo de agua. Además, dado que no se utilizan productos químicos ni pesticidas, no hay escorrentía dañina que pueda contaminar las aguas locales.

Sin embargo, al igual que cualquier tecnología o práctica, existen desafíos. La necesidad de energía para bombear y tratar el agua, la iluminación artificial si se utiliza y otras consideraciones pueden tener un impacto en el medio ambiente. La clave está en encontrar un equilibrio y utilizar estas técnicas de manera responsable.

Integración entre hidroponía y acuaponía: Si bien la hidroponía y la acuaponía pueden funcionar como sistemas separados, hay un creciente interés en integrar ambas técnicas para aprovechar las fortalezas de ambas.

1. **Ciclo cerrado y eficiencia:** Al integrar la hidroponía y la acuaponía, es posible crear un sistema de cultivo casi completamente autosuficiente. Los peces generan residuos que, una vez convertidos por bacterias beneficiosas, proporcionan nutrientes a las plantas. A su vez, las plantas purifican el agua que se recicla en el sistema y vuelve a los peces.

2. **Biodiversidad:** La combinación de ambos sistemas puede llevar a una mayor biodiversidad en el ecosistema creado. Esto puede contribuir a que el sistema sea más resistente a enfermedades y desequilibrios.

3. **Rentabilidad:** Mientras que la hidroponía puede proporcionar una cosecha abundante de plantas, la acuaponía también ofrece una cosecha de peces. Esta diversificación puede aumentar el potencial de ingresos para los agricultores.

4. **Adaptabilidad:** Un sistema integrado se puede adaptar para adaptarse a diversas condiciones ambientales, desde climas fríos hasta tropicales. Esto lo hace ideal

para una variedad de contextos geográficos.

Desafíos en la integración: A pesar de los beneficios, existen desafíos en la integración de la hidroponía y la acuaponía.

1. **Equilibrio de necesidades:** Las plantas y los peces pueden tener diferentes necesidades en términos de pH, temperatura del agua y concentración de nutrientes. Equilibrar estas necesidades puede ser complicado.

2. **Inversión inicial:** Configurar un sistema integrado puede requerir una inversión inicial mayor en comparación con la creación de un solo sistema hidropónico o acuapónico.

3. **Gestión de enfermedades:** Si una enfermedad afecta una parte del sistema, como los peces, puede tener repercusiones en las plantas y viceversa.

Perspectivas futuras: La integración de la hidroponía y la acuaponía representa un campo en rápida evolución, con investigadores, agricultores y emprendedores que continúan experimentando e innovando. Las posibles aplicaciones van desde la producción de alimentos a gran escala hasta los jardines domésticos y comunitarios.

Con una creciente conciencia de los desafíos ambientales y la necesidad de producir alimentos de manera sostenible, la integración de estos dos métodos podría desempeñar un papel crucial en el futuro de la agricultura.

En conclusión, tanto la hidroponía como la acuaponía, y en particular su integración, ofrecen soluciones prometedoras para abordar algunos de los desafíos agrícolas y ambientales más urgentes de nuestro tiempo. A través de una mayor investigación y desarrollo, podríamos presenciar una revolución en la forma en que cultivamos y consumimos alimentos.

Principios Básicos de la Hidroponía La **hidroponía** es una forma de agricultura en la que las plantas se cultivan sin suelo, utilizando soluciones nutritivas minerales en agua soluble. Esta técnica ofrece la posibilidad de cultivar plantas en entornos donde el suelo tradicional no está disponible o no es ideal para el cultivo.

Cómo funciona la hidroponía:

1. **Medios de Cultivo:** Aunque la hidroponía no utiliza suelo, las plantas aún necesitan un soporte en el que enraizar. Los medios de cultivo comunes incluyen lana de roca, perlita, vermiculita y coco. Estos medios proporcionan soporte a las raíces, pero no nutrientes como el suelo.

2. **Solución Nutritiva:** Las plantas necesitan nutrientes para crecer, y en un sistema hidropónico, estos se suministran a través de una solución acuosa. Esta solución contiene todos los macro y micronutrientes esenciales que una planta requiere para crecer.

3. **Sistemas de Suministro:** Existen varios métodos para suministrar la solución nutritiva a las plantas, incluyendo el sistema de goteo, el sistema de inundación y drenaje, el método Deep Water Culture (DWC) y muchos otros. La elección del sistema depende del entorno, el tipo de planta y las preferencias del cultivador.

4. **Condiciones Ambientales:** Al igual que en cualquier forma de cultivo, factores como la luz, la temperatura y la humedad deben ser monitoreados y controlados para asegurar un crecimiento óptimo de las plantas.

Beneficios de la hidroponía:

1. **Eficiencia en el Uso del Agua:** La hidroponía utiliza significativamente menos agua en comparación con la agricultura tradicional en suelo.

2. **Crecimiento Más Rápido:** Gracias a la disponibilidad directa de nutrientes, las plantas hidropónicas tienden a crecer más rápido.

3. **Menos Enfermedades y Plagas:** Sin suelo, muchas de las plagas y enfermedades comunes del suelo se eliminan.

4. **Cultivo en Espacios Reducidos:** La hidroponía es perfecta para entornos urbanos y otros lugares con espacio limitado.

5. **Control Total:** Los cultivadores tienen un control completo sobre los nutrientes y el pH, lo que permite un cultivo optimizado.

Desafíos de la hidroponía:

1. **Costo Inicial:** El equipo hidropónico puede ser costoso al principio, aunque puede compensarse con rendimientos más altos con el tiempo.

2. **Complejidad:** A diferencia de la agricultura tradicional, la hidroponía requiere una comprensión y monitoreo regulares de la solución nutritiva, el pH, etc.

3. **Problemas Técnicos:** Como cualquier sistema, la hidroponía está sujeta a problemas técnicos, como bombas rotas o sistemas de iluminación defectuosos.

4. **Dependencia de la Electricidad:** Muchos sistemas hidropónicos dependen de la electricidad. En caso de cortes de energía, esto podría ser un problema para las plantas.

La **hidroponía** representa una revolución en la agricultura, ofreciendo soluciones innovadoras a los desafíos agrícolas contemporáneos. Con una gestión y equipo adecuados, puede convertirse en un método altamente productivo y sostenible de cultivo.

Tipos de Sistemas Hidropónicos: La hidroponía no es una técnica única, sino un conjunto de diferentes metodologías, cada una con sus propias especificidades:

1. **Técnica del Film Nutriente (NFT):** En este sistema, una fina película de solución nutritiva fluye constantemente a lo largo de las raíces de las plantas suspendidas en un canal. Es especialmente adecuado para plantas livianas como la lechuga.

2. **Aeroponía:** Las raíces de las plantas se suspenden en el aire y se rocían regularmente con solución nutritiva. Esto proporciona una alta cantidad de oxígeno a las raíces, favoreciendo un crecimiento rápido.

3. **Sistema Wick:** Uno de los métodos más simples, en el que una mecha (o cordón)

transporta la solución nutritiva desde el depósito al medio de cultivo.

Monitorización y Gestión: La eficacia de la hidroponía se basa en la capacidad del cultivador para monitorear y gestionar el sistema:

1. **Equilibrio Nutricional:** Demasiado o muy poco de un nutriente en particular puede dañar las plantas. La capacidad de probar y equilibrar la solución nutritiva es fundamental.

2. **Oxigenación:** Las raíces de las plantas necesitan oxígeno. Muchos sistemas hidropónicos utilizan aireadores para asegurar que las raíces reciban el oxígeno necesario.

3. **pH:** Un pH correcto es crucial para garantizar que las plantas puedan absorber los nutrientes. La mayoría de las plantas hidropónicas prosperan en un pH entre 5.5 y 6.5.

Sostenibilidad e Impacto Ambiental: La hidroponía, si se gestiona correctamente, puede ser un método de cultivo altamente sostenible:

1. **Reducción del Uso de Agua:** En un mundo donde el agua se vuelve cada vez más preciada, la hidroponía puede usar hasta un 90% menos de agua que la agricultura tradicional.

2. **Sin Erosión:** Como no se utiliza suelo, no hay riesgo de erosión, un problema creciente en muchas partes del mundo.

3. **Menos Desperdicio:** La solución nutritiva se puede reciclar y reutilizar en muchos sistemas, reduciendo el desperdicio.

Consideraciones Prácticas:

1. **Espacio:** Aunque la hidroponía se puede practicar en espacios reducidos, la disposición y organización son cruciales. Cada planta necesita suficiente espacio para crecer sin obstaculizar a las plantas vecinas.

2. **Energía:** Aunque la hidroponía puede ser más eficiente en recursos, a menudo requiere fuentes de energía para bombas, luces y otros sistemas.

En resumen, la hidroponía representa un avance prometedor en la agricultura moderna. Ofrece soluciones innovadoras a los crecientes desafíos agrícolas y alimentarios, pero como cualquier sistema, requiere atención, cuidado y una comprensión profunda para maximizar sus beneficios.

Selección del Medio de Cultivo: A pesar de que la hidroponía elimina el uso del suelo tradicional, es esencial elegir el medio de cultivo adecuado para apoyar a las plantas:

1. **Lana de Roca:** Hecha de la fusión de basalto y arcilla, la lana de roca es ligera y proporciona un buen soporte a las plantas, permitiendo que las raíces respiren.

2. **Perlite:** Es una roca volcánica que se calienta hasta expandirse en un medio ligero y poroso, perfecto para la oxigenación.

3. **Vermiculita:** Es un mineral similar a la mica que se expande mediante el calor. Tiene una estructura ligera y puede retener la humedad, lo que lo hace ideal para algunas plantas hidropónicas.

4. **Coco Coir:** Hecho de fibras de coco, es un medio completamente natural que ofrece una estructura similar al suelo pero con los beneficios de la hidroponía.

Sistemas de Iluminación para la Hidroponía: La iluminación desempeña un papel crucial en la operación hidropónica, especialmente cuando se practica en interiores:

1. **Luces LED:** Con su eficiencia energética y la capacidad de producir espectros de luz específicos, las luces LED se han vuelto cada vez más populares en la hidroponía.

2. **Luces HID (High-Intensity Discharge):** Estas luces producen una gran cantidad de luz y a menudo se utilizan para plantas que requieren mucha luz, como los tomates.

3. **Luces Fluorescentes:** Aunque no son tan potentes como las luces HID, las luces fluorescentes pueden ser ideales para

plántulas y plantas con bajos requisitos de luz.

Gestione delle Malattie e dei Parassiti: Sin suelo, muchas de las amenazas comunes de plagas se eliminan, pero eso no significa que la hidroponía sea inmune:

1. **Soluciones Nutritivas:** Una solución nutritiva contaminada puede propagar rápidamente enfermedades a todas las plantas en un sistema hidropónico. Es esencial monitorear y cambiar regularmente la solución.

2. **Parásitos aéreos:** Incluso sin suelo, parásitos como áfidos y ácaros pueden infestar las plantas. El uso de insecticidas naturales y la prevención son fundamentales.

Automatización y Tecnología en la Hidroponía: La llegada de la tecnología ha llevado la hidroponía a un nuevo nivel:

1. **Monitoreo de pH y Nutrientes:** Existen dispositivos que pueden monitorear constantemente y ajustar automáticamente los niveles de pH y nutrientes en la solución.

2. **Sistemas de Riego:** La automatización del riego, a través de temporizadores y sensores, puede garantizar que las plantas reciban la cantidad adecuada de solución nutritiva en el momento adecuado.

La hidroponía, al combinar principios tradicionales de cultivo con tecnología avanzada, ofrece posibilidades revolucionarias para la producción de alimentos en el futuro. Sin embargo, como cualquier sistema avanzado, requiere un conocimiento profundo y una gestión cuidadosa para obtener resultados óptimos.

Tipos de Sistemas Hidropónicos: La versatilidad de la hidroponía se refleja en las diferentes tipologías de sistemas disponibles, cada uno con características únicas:

1. **Sistema de Goteo:** Utiliza un mecanismo de distribución por goteo para suministrar la solución nutritiva a las plantas. Es uno de los métodos más comunes y puede personalizarse según las necesidades de las plantas.

2. **Técnica del Film Nutriente (NFT):** En este sistema, una película delgada de solución nutritiva fluye continuamente sobre las raíces de las plantas. Es especialmente adecuado para plantas de crecimiento rápido como la lechuga.

3. **Sistema de Agua Profunda (DWC):** Las plantas se suspenden en una solución nutritiva con las raíces sumergidas en agua. La oxigenación se logra mediante piedras porosas que liberan burbujas de aire en la solución.

Oxigenación y Aireación: Una adecuada oxigenación es fundamental para garantizar la salud de las plantas en un sistema hidropónico:

1. **Piedras Aireadoras:** Se utilizan para introducir burbujas de aire en la solución nutritiva, asegurando que las raíces reciban suficiente oxígeno.

2. **Bombas de Aire:** Esenciales para mantener la oxigenación en sistemas como el DWC, las bombas de aire garantizan un flujo constante de aire a la solución nutritiva.

Control del Clima: En los cultivos hidropónicos en interiores, el control del clima puede marcar la diferencia:

1. **Regulación de la Temperatura:** La temperatura puede influir en la tasa de crecimiento de las plantas y en la capacidad de la solución para retener oxígeno. El uso de sistemas de enfriamiento o calefacción es crucial para mantener la temperatura óptima.

2. **Humedad:** Una humedad excesivamente alta puede favorecer el crecimiento de moho y hongos. El uso de deshumidificadores o sistemas de ventilación es esencial para controlar la humedad.

Balance Nutricional: La solución nutritiva es el corazón de la hidroponía, y su equilibrio es crucial:

1. **Macro-nutrientes:** Nitrógeno (N), Fósforo (P) y Potasio (K) son los principales nutrientes requeridos en grandes cantidades por las plantas. La combinación correcta, a menudo llamada

relación N-P-K, varía según la etapa de crecimiento de las plantas.

2. **Micro-nutrientes:** Elementos como Hierro, Manganeso y Cobre son necesarios en pequeñas cantidades pero son esenciales para la salud de las plantas.

Aspectos Económicos de la Hidroponía: A pesar de sus ventajas, también hay consideraciones económicas:

1. **Costo Inicial:** La instalación de un sistema hidropónico puede requerir una inversión inicial significativa, especialmente si se opta por un sistema avanzado.

2. **Ahorro a Largo Plazo:** Aunque la inversión inicial puede ser alta, la posibilidad de cultivar durante todo el año y el aumento en el rendimiento pueden hacer que la hidroponía sea económicamente ventajosa a largo plazo.

Principios Básicos de la Acuaponía:

Integración de Peces y Plantas: La acuaponía es una combinación única de acuicultura (cultivo de peces) e hidroponía (cultivo de plantas sin suelo). La idea básica es utilizar el agua rica en nutrientes procedente de los estanques de peces para alimentar las plantas y, a cambio, las plantas filtran y purifican el agua, que luego se devuelve al sistema acuático.

1. **Ciclo del Nitrógeno:** Uno de los aspectos fundamentales de la acuaponía es el ciclo del nitrógeno. Los peces producen desechos, principalmente amoníaco. En la acuaponía, las bacterias convierten este amoníaco en nitritos y luego en nitratos, que las plantas utilizan como alimento.

2. **Flujo Continuo vs. Sistemas de Flujo:** Existen varios diseños de sistemas acuapónicos, pero dos de los más comunes son el flujo continuo, donde el agua circula constantemente entre el sistema de peces y el de plantas, y los sistemas de flujo, que llenan y vacían alternativamente las camas de cultivo.

Beneficios del Ecosistema Simbiótico: La acuaponía crea un entorno simbiótico en el que los peces, las plantas y las bacterias trabajan juntos para crear un sistema de cultivo sostenible.

1. **Eficiencia del Agua:** La acuaponía utiliza significativamente menos agua que la agricultura tradicional. Dado que el agua se recicla continuamente en el sistema, las únicas pérdidas son debidas a la evaporación y la transpiración de las plantas.

2. **Reducción de Residuos:** En un sistema acuapónico, lo que es un residuo para un componente (como el amoníaco de los peces) se convierte en un recurso para otro (nitratos para las plantas). Esta eficiente conversión y uso de los residuos reduce la necesidad de eliminación externa.

3. **Crecimiento Acelerado de las Plantas:** Gracias al acceso constante a nutrientes ricos y bien equilibrados, se ha observado que muchas plantas crecen más rápido en un sistema acuapónico en comparación con el cultivo tradicional en suelo.

4. **Sostenibilidad:** No solo la acuaponía reduce la necesidad de agua y fertilizantes químicos, sino que también se puede configurar como un sistema casi autosuficiente, donde la comida para los

peces se cultiva dentro del mismo sistema o se obtiene de fuentes sostenibles.

5. **Diversidad de Cultivo:** Mientras que la hidroponía a menudo se limita a cultivos de crecimiento rápido como lechugas y hierbas aromáticas, la acuaponía puede soportar una gama más amplia de plantas, incluyendo tomates, pimientos y pepinos, gracias a la rica solución nutritiva proporcionada por los peces.

En resumen, la acuaponía representa una fusión innovadora entre la hidroponía y la acuicultura. Ofrece una forma sostenible de cultivar alimentos, ahorrando recursos valiosos y proporcionando al mismo tiempo un ecosistema equilibrado y autorregulado. Su creciente popularidad entre los agricultores urbanos y los entusiastas de la jardinería destaca el potencial revolucionario de este método de cultivo.

Dinámicas del ecosistema: En el corazón de cada sistema acuapónico existe una dinámica compleja entre peces, plantas y microorganismos. Esta intrincada red de relaciones permite que cada componente prospere.

1. **Microbiología de la acuaponía:** Además de los peces y las plantas, una multitud de microorganismos vitales habitan en un sistema acuapónico. Estas bacterias desempeñan un papel crucial en la conversión de los desechos de los peces en nutrientes utilizables para las plantas. Bacterias como Nitrosomonas y Nitrobacter son esenciales para el proceso de nitrificación, convirtiendo la amoníaca en nitritos y luego en nitratos.

2. **Oxigenación:** Para mantener un crecimiento óptimo de peces y plantas, el agua debe estar adecuadamente oxigenada. El oxígeno es esencial no solo para los peces, sino también para las bacterias nitrificantes. El uso de aireadores y bombas puede garantizar niveles adecuados de oxígeno en el agua.

Componentes clave del sistema:

Si bien los principios básicos de la acuaponía son simples, la implementación práctica requiere comprender los diversos componentes clave del sistema.

3. **Tanques de peces:** Estos son los lugares donde los peces viven y producen los desechos que alimentan el sistema. El tamaño y el diseño del tanque influirán en la cantidad y el tipo de peces que se pueden criar.

4. **Camas de crecimiento:** Estas son las áreas donde se cultivan las plantas. Pueden variar desde camas de crecimiento profundas, adecuadas para plantas más grandes como tomates y pimientos, hasta sistemas de película delgada ideales para plantas de crecimiento rápido como ensaladas.

5. **Sólidos y filtración:** Los desechos de los peces contienen partículas sólidas que pueden obstruir el sistema y crear un entorno anaeróbico perjudicial. El uso de separadores y filtros puede ayudar a eliminar estas partículas sólidas, manteniendo el agua limpia y promoviendo la nitrificación.

6. **Sistemas de control:** Desde el monitoreo del pH hasta la oxigenación, la temperatura y la intensidad lumínica, la acuaponía requiere una supervisión constante y ajustes potenciales. La implementación de sensores y sistemas de control automatizados puede facilitar este proceso, asegurando que el entorno sea óptimo para peces y plantas.

Desafíos de la acuaponía: A pesar de que la acuaponía ofrece muchas ventajas, también presenta algunos desafíos:

1. **Equilibrio:** Mantener un equilibrio entre la cantidad de peces y la cantidad de plantas es crucial. Un exceso de peces puede llevar a un exceso de nutrientes, mientras que muy pocos peces pueden no proporcionar suficientes nutrientes para las plantas.

2. **Enfermedades:** Como en cualquier sistema agrícola, las enfermedades pueden representar una amenaza. La clave está en prevenir las enfermedades a través de buenas prácticas de gestión y, si es necesario, tratar las enfermedades de

manera que sean seguras tanto para los peces como para las plantas.

3. **Inversión inicial:** La creación de un sistema acuapónico puede requerir una inversión inicial significativa, especialmente si se utilizan componentes de alta calidad o sistemas de control automatizados.

El papel de los peces en la acuaponía: Los peces no son solo una fuente de alimento en un sistema acuapónico; son el motor que impulsa todo el ecosistema.

1. **Tipos de peces:** Si bien muchas personas pueden pensar de inmediato en la carpa o la tilapia, existen numerosos peces que son adecuados para la acuaponía, incluidos peces ornamentales como el pez dorado y las carpas koi. La elección de los peces dependerá de factores como el clima, el tamaño del sistema y el objetivo del productor (por ejemplo, producción de alimentos versus estética).

2. **Alimentación:** La alimentación de los peces desempeña un papel crucial en la producción de nutrientes para las plantas.

Si bien los peces convertirán parte del alimento que consumen en masa corporal, la mayor parte será excretada como desechos. La calidad y la cantidad de alimento pueden influir directamente en la salud del sistema acuapónico.

La simbiosis de peces y plantas: La acuaponía se basa en la relación simbiótica entre peces y plantas.

1. **Proceso de nitrificación:** Como se mencionó, los desechos de los peces, ricos en amoníaco, son convertidos por las bacterias en nitritos y posteriormente en nitratos. Estos nitratos son luego absorbidos por las plantas como fuente principal de nitrógeno, esencial para su crecimiento.

2. **Purificación del agua:** Las plantas no solo absorben nutrientes; también ayudan a filtrar el agua, eliminando sustancias nocivas y manteniendo un entorno saludable para los peces.

Aspectos económicos de la acuaponía: La acuaponía no solo ofrece ventajas ambientales y agronómicas, sino también económicas.

1. **Ahorro de agua:** En comparación con la agricultura tradicional, un sistema acuapónico utiliza solo una fracción del agua. Esto es particularmente valioso en regiones con recursos hídricos limitados.

2. **Producción dual:** Los productores pueden obtener tanto un cultivo de vegetales como una fuente de proteína (los peces) del mismo sistema, optimizando el espacio y los recursos.

3. **Mercado en crecimiento:** Existe una creciente demanda de productos acuapónicos por parte de consumidores conscientes del medio ambiente e interesados en la sostenibilidad. Esto puede ofrecer precios premium a los productores que venden productos acuapónicos.

Consideraciones de diseño para sistemas acuapónicos:

1. **Ubicación:** El lugar donde se coloca un sistema acuapónico puede tener un impacto significativo en su eficiencia. Consideraciones como la exposición al sol, la protección contra vientos fuertes y la

proximidad a recursos como la electricidad son cruciales.

2. **Escalabilidad:** Si bien algunos sistemas acuapónicos pueden ser pequeños y adecuados para uso doméstico, otros son grandes operaciones comerciales. La capacidad de escalar un sistema según las necesidades del productor puede influir en el diseño y los componentes utilizados.

Aquí tienes el texto traducido al español manteniendo la formatación original y aplicando negritas donde corresponde:

La acuaponía, con su combinación de ciencia, agricultura y sostenibilidad, representa una solución prometedora para abordar los desafíos agrícolas futuros, proporcionando al mismo tiempo alimentos saludables y sostenibles para las poblaciones en crecimiento.

4. Componentes y Equipos Esenciales para la Hidroponía y Acuaponía

Reservoir (Tanque) El tanque, o depósito, es fundamental para ambos sistemas, ya que alberga el agua y los nutrientes para las plantas (en la hidroponía) y, en el caso de la acuaponía, el agua y los peces.

1. **Material:** Por lo general, están hechos de plástico resistente o polietileno, pero también podrían construirse de metal o cerámica, dependiendo del tamaño y las necesidades específicas del sistema.

2. **Ubicación:** Debe colocarse en un lugar que evite la exposición directa al sol, ya que esto podría sobrecalentar el agua y dañar tanto las plantas como los peces.

Bombas La circulación del agua es esencial para ambos sistemas, asegurando que las plantas reciban los nutrientes necesarios y manteniendo el agua oxigenada para los peces.

1. **Bombas sumergibles:** Estas son las bombas más comunes utilizadas en sistemas hidropónicos y acuapónicos. Se sumergen directamente en el tanque y son ideales para sistemas de pequeña y mediana escala.

2. **Bombas de superficie:** Se colocan fuera del tanque y son adecuadas para instalaciones grandes o cuando se desea mantener el calor de la bomba lejos del agua.

Luces La luz es vital para la fotosíntesis de las plantas. Si un sistema hidropónico o acuapónico se encuentra en interiores o en un invernadero, podría ser necesario utilizar luces artificiales.

1. **Luces LED:** Altamente eficientes en términos energéticos, las luces LED se utilizan a menudo en las modernas cultivos hidropónicos. Pueden ajustarse para emitir

longitudes de onda específicas óptimas para el crecimiento de las plantas.

2. **Luces HID (High-Intensity Discharge):** Estas luces ofrecen una alta intensidad, ideal para etapas específicas del crecimiento de las plantas, como la floración.

Sustratos En la hidroponía, los sustratos reemplazan al suelo y proporcionan soporte mecánico a las plantas.

1. **Lana de roca:** Este material inerte es uno de los más utilizados en la hidroponía.

2. **Arcilla expandida:** Ligera y porosa, estas bolas de arcilla son ideales para la hidroponía y permiten una buena circulación de aire en las raíces de las plantas.

3. **Perlita y vermiculita:** Estos minerales expandidos a menudo se utilizan en mezclas de sustratos.

Herramientas de Monitoreo y Mantenimiento

1. **Medidores de pH y CE:** Son dispositivos esenciales que ayudan a los cultivadores a monitorear y mantener los niveles apropiados de acidez y concentración de solutos en las soluciones nutritivas.

2. **Oxígeno disuelto:** Es vital para la salud de los peces, especialmente en la acuaponía, monitorear los niveles de oxígeno en el agua.

3. **Termómetros:** Mantener la temperatura adecuada del agua es fundamental tanto para las plantas como para los peces.

4. **Juego de limpieza:** Redes, pinzas y cepillos son esenciales para mantener

limpios los varios componentes del sistema.

En conclusión, tanto la hidroponía como la acuaponía requieren una comprensión y atención precisas a los componentes y equipos para operar con éxito. Cada componente tiene una función clave en el sistema y la falta de uno puede afectar la eficiencia de todo el ecosistema.

Filtros En la acuaponía, los filtros son cruciales para eliminar los sólidos en suspensión, como los desechos de los peces, y para mantener el agua limpia para las plantas.

1. **Filtros mecánicos:** Retiran partículas y detritos del agua a través de un mecanismo físico. Pueden utilizar esponjas, espumas u otros materiales.

2. **Filtros biológicos:** Utilizan microorganismos beneficiosos para descomponer los desechos orgánicos,

convirtiéndolos en compuestos útiles para
las plantas.

Calentadores y Enfriadores Mantener una
temperatura estable del agua es esencial tanto
para las plantas como para los peces.

1. **Calentadores:** Se utilizan para mantener
   el agua a una temperatura óptima,
   especialmente durante los meses de
   invierno o en ambientes fríos.

2. **Enfriadores:** En climas o estaciones
   cálidas, puede ser necesario enfriar el agua
   para garantizar un entorno óptimo para
   peces y plantas.

Aireadores Esenciales para proporcionar
oxígeno a las raíces de las plantas y al agua de
los peces.

1. **Piedras porosas:** Se sumergen en el
   agua y están conectadas a una bomba que

suministra aire. Liberan pequeñas burbujas que oxigenan el agua.

2. **Ventiladores de superficie:** Se pueden usar en tanques grandes para aumentar la circulación y la oxigenación del agua.

Sistemas de Soporte Particularmente relevantes en la hidroponía, estos sistemas sostienen las plantas ya que no utilizan suelo tradicional.

1. **Redes:** Proporcionan soporte físico a las plantas, especialmente a aquellas con frutos pesados como tomates o pepinos.

2. **Estructuras verticales:** Permiten el cultivo de plantas en espacios reducidos, aprovechando la altura en lugar de la extensión horizontal.

Soluciones Nutritivas y Suplementos En la hidroponía, la solución nutritiva proporciona a las plantas todos los minerales que necesitan.

1. **Macronutrientes:** Como nitrógeno, fósforo y potasio, son esenciales para el crecimiento de las plantas.

2. **Micronutrientes:** Como hierro, manganeso y zinc, se necesitan en cantidades más pequeñas pero son igualmente vitales.

3. **pH Up y Down:** Productos químicos utilizados para ajustar el pH de la solución nutritiva, asegurando que permanezca en el rango ideal para la absorción de nutrientes.

Aquí tienes el texto traducido al español manteniendo la formatación original y aplicando negritas donde corresponde: **Sistemas de Monitoreo Avanzado** Con el advenimiento de la tecnología, están disponibles herramientas cada vez más sofisticadas.

1. **Sistemas de control automático:**
   Estos dispositivos pueden monitorear y
   regular automáticamente varios
   parámetros como el pH, la temperatura y
   el nivel de nutrientes.
2. **Cámaras y sensores:** Se pueden utilizar
   para monitorear las plantas a distancia y
   detectar problemas como enfermedades o
   plagas. En resumen, la elección y gestión
   adecuada del equipo son fundamentales
   para el éxito de cualquier sistema
   hidropónico o acuapónico. Cada
   componente tiene un papel específico y, si
   se cuida adecuadamente, puede garantizar
   un crecimiento óptimo de las plantas y una
   buena salud de los peces. Con la creciente
   evolución de la tecnología, los cultivadores
   ahora tienen acceso a herramientas cada
   vez más avanzadas que pueden simplificar
   y optimizar aún más el proceso.

5. Sistemas Hidropónicos Populares

DWC (Cultivo en Agua Profunda)

Descripción: El sistema DWC, también conocido
como Cultivo en Agua Profunda, es una técnica
en la que las plantas se suspenden en una
solución nutritiva, con las raíces sumergidas
directamente en el agua. El oxígeno se

suministra a las raíces a través de aireadores que crean burbujas en el agua, asegurando que las raíces reciban suficiente oxígeno.

Ventajas: • **Crecimiento rápido:** Con acceso constante a los nutrientes y al oxígeno, las plantas crecen más rápidamente. • **Simplicidad:** Los sistemas DWC son relativamente simples de configurar y administrar. • **Costos iniciales más bajos:** En comparación con otros sistemas, el DWC puede tener costos iniciales más bajos.

Desventajas: • **Riesgo de enfermedades:** Dado que todas las plantas comparten el mismo nutriente y agua, una planta enferma puede propagar rápidamente la enfermedad a las demás. • **Mantenimiento del agua:** El pH y los niveles de nutrientes deben ser monitoreados y ajustados regularmente. • **Consumo de energía:** Los sistemas de aireación deben funcionar constantemente para proporcionar oxígeno a las raíces.

NFT (Técnica de Película Nutritiva)

Descripción: En el sistema NFT, una solución nutritiva delgada se circula constantemente sobre una película delgada en la que descansan las raíces de las plantas. Las plantas se suspenden en macetas de red que permiten que las raíces entren en contacto con la solución nutritiva que fluye.

Ventajas: • **Eficiencia en el uso del agua:** Dado que el agua se recircula, el sistema NFT es muy eficiente en términos de uso de agua. • **Oxigenación:** Las raíces expuestas a la película nutritiva también reciben abundante oxígeno del aire. • **Flexibilidad:** El sistema se puede configurar en diversas formas y tamaños según el espacio disponible.

Desventajas: • **Vulnerabilidad a fallas de energía:** Si la bomba se apaga, las raíces pueden secarse rápidamente ya que no están sumergidas en agua como en el DWC. • **Complejidad:** La regulación del flujo y el mantenimiento general pueden requerir atención especial. • **Riesgo de enfermedades:** Similar al DWC, las enfermedades pueden propagarse rápidamente a través de la solución nutritiva.

Otros Sistemas Hidropónicos: • **Sistema de flujo y reflujo (Ebb & Flow):** Las plantas son periódicamente inundadas con una solución nutritiva, que luego se drena, permitiendo que las raíces respiren. • **Cultivo por goteo:** La solución nutritiva se suministra directamente a las raíces de las plantas a través de goteros. • **Aeroponía:** Las raíces se suspenden en el aire y se rocían periódicamente con una solución nutritiva. Cada sistema hidropónico tiene sus propias ventajas y desafíos, por lo que la elección depende de los objetivos específicos del cultivador, los recursos disponibles y las necesidades particulares de las plantas que se deseen cultivar.

Sistema de Flujo y Reflujo (Ebb & Flow)

Descripción: También conocido como sistema "inundación y drenaje", el sistema de flujo y reflujo funciona llenando periódicamente la bandeja de cultivo con una solución nutritiva y luego drenándola por completo. Las plantas se colocan en macetas o bandejas llenas de un medio inerte como perlita o arcilla expandida.

Ventajas: • **Excelente oxigenación de las raíces:** Después de cada ciclo de inundación, las raíces reciben abundante oxígeno del aire. • **Adaptabilidad:** Puede adaptarse fácilmente a espacios de diferentes tamaños y formas. • **Reducción del riesgo de enfermedades:** La solución nutritiva no permanece en contacto con las raíces durante largos períodos, reduciendo el riesgo de enfermedades como la pudrición de las raíces.

Desventajas: • **Consumo de energía:** La bomba necesaria para llenar y vaciar la bandeja puede consumir más energía en comparación con otros sistemas. • **Complejidad:** El sistema requiere una sincronización adecuada para asegurar que las plantas reciban suficiente nutrición sin inundar las raíces. • **Costos**

iniciales: Puede requerir una inversión inicial más alta debido a las bombas y temporizadores necesarios.

Cultivo por Goteo Descripción: En este sistema, la solución nutritiva se suministra directamente a las raíces de las plantas a través de goteros. Cada planta tiene su propio sistema de riego, lo que significa que se puede personalizar la cantidad de nutrientes que recibe cada planta.

Ventajas: • **Precisión:** Permite proporcionar a cada planta exactamente la cantidad de solución nutritiva que necesita. • **Eficiencia del agua:** Minimiza el desperdicio de agua. • **Versatilidad:** Adecuado para cultivos de diversos tamaños, desde pequeños jardines domésticos hasta grandes invernaderos comerciales.

Desventajas: • **Mantenimiento:** Los goteros pueden obstruirse y requerir limpieza regular. • **Instalación:** La configuración puede ser más compleja en comparación con otros sistemas. • **Costos:** El sistema de goteo y el equipo relacionado pueden ser costosos.

Aeroponía Descripción: En la aeroponía, las raíces de las plantas se suspenden en el aire y se rocían periódicamente con una solución nutritiva. Este sistema proporciona a las plantas una excelente combinación de nutrientes y oxígeno.

Ventajas: • **Crecimiento rápido:** El acceso directo tanto a los nutrientes como al oxígeno favorece un crecimiento rápido de las plantas. • **Ahorro de agua:** La aeroponía utiliza mucho menos agua en comparación con los métodos de cultivo tradicionales.

• **Mínimo riesgo de enfermedades:** La ausencia de sustrato reduce el riesgo de enfermedades relacionadas con el suelo.

Aquí tienes el texto traducido al español manteniendo la formatación original y aplicando negritas donde corresponde:

Desventajas: • Tecnológicamente complejo: La aeroponía requiere tecnología sofisticada para nebulizar la solución y mantener el entorno adecuado. • **Alto consumo energético:** Las bombas y nebulizadores deben funcionar regularmente. • **Inversión inicial:** Debido a la necesidad de equipos especializados, la inversión inicial puede ser mayor en comparación con otros sistemas hidropónicos.

En conclusión, la elección del sistema hidropónico más adecuado depende de varios factores, incluido el presupuesto, el espacio disponible, el tipo de plantas a cultivar y el nivel de experiencia del cultivador. Mientras que algunos sistemas son ideales para principiantes, otros pueden requerir más experiencia y atención a los detalles. De cualquier manera, con la planificación y el mantenimiento adecuados, la agricultura hidropónica puede ofrecer rendimientos impresionantes en términos de crecimiento y producción de plantas.

6. Configuración de un Sistema Acuapónico

Elección de los peces y las plantas Peces para la Acuaponía

1. **Tilapia:** Uno de los peces más populares para la acuaponía. Son resistentes, crecen rápidamente y son tolerantes a diversas condiciones del agua. También son una buena elección para aquellos que desean

peces tanto para la producción de alimentos como para la acuaponía.

2. **Carpas koi:** No se utilizan típicamente para el consumo, pero son una excelente opción para aquellos que desean combinar belleza visual con funcionalidad. Los koi ayudan a producir los nutrientes necesarios para las plantas, pero son principalmente ornamentales.

3. **Perca:** Crecen bien en sistemas acuapónicos y son muy demandadas como peces comestibles.

4. **Barbos:** Aunque no son tan comunes como las tilapias o las percas, son una buena elección para sistemas más pequeños o para aquellos que buscan variedad.

5. **Camarones de agua dulce:** Ofrecen una variación interesante en comparación con los peces tradicionales y también son deliciosos para comer.

Selección de las Plantas Algunas plantas prosperan especialmente bien en sistemas acuapónicos debido a la riqueza nutricional proporcionada por el agua enriquecida por los peces. Aquí tienes algunas de las plantas más comunes:

1. **Lechugas:** Crecen rápidamente y requieren menos nutrientes que otras plantas.
2. **Espinacas:** Una verdura de crecimiento rápido que se beneficia del suministro constante de nutrientes.
3. **Albahaca y otras hierbas aromáticas:** Crecen extremadamente bien y se pueden cosechar continuamente.
4. **Tomates:** Aunque requieren un sistema bien equilibrado, pueden producir cosechas abundantes.
5. **Pimientos:** Al igual que los tomates, prosperan en un sistema bien equilibrado.
6. **Fresas:** Se pueden cultivar en un sistema NFT (Técnica de Película Nutritiva) o en camas de cultivo flotantes.

Equilibrio del Ecosistema

1. **Ciclo del nitrógeno:** En un sistema acuapónico, el equilibrio del ciclo del nitrógeno es fundamental. Los desechos de los peces, principalmente amoníaco, son convertidos en nitritos y luego en nitratos por bacterias beneficiosas. Estos nitratos sirven como nutrición para las plantas.

2. **Oxigenación:** Es esencial proporcionar una cantidad adecuada de oxígeno tanto para los peces como para las raíces de las plantas. A menudo se utilizan bombas y difusores para asegurar que el agua esté bien oxigenada.
3. **pH:** El pH del agua afecta la capacidad de las plantas para absorber nutrientes. La mayoría de las plantas prefieren un pH de 5,5-7,0. Puede ser necesario monitorear y ajustar el pH regularmente.
4. **Temperatura:** Si bien las plantas y los peces tienen requisitos ligeramente diferentes de temperatura, es fundamental mantener el agua dentro de un rango de temperatura aceptable para ambos.
5. **Control de enfermedades y plagas:** Evitar el uso de pesticidas químicos, ya que pueden dañar o matar a los peces. En su lugar, se pueden utilizar métodos de control biológico o soluciones naturales.
6. **Densidad de peces:** Demasiados peces pueden resultar en un exceso de desechos y una cantidad insuficiente de oxígeno, mientras que demasiado pocos peces pueden no proporcionar suficientes nutrientes para las plantas.
7. **Alimentación de los peces:** El uso de alimentos de alta calidad para peces ayuda

a reducir la cantidad de desechos no deseados en el sistema y garantiza que los peces estén saludables y productivos.

Monitoreo y Regulación

1. **Pruebas de agua:** El monitoreo regular de los parámetros del agua, como el amoníaco, los nitritos, los nitratos, el pH y el oxígeno disuelto, es crucial. Hay kits de pruebas disponibles que hacen que este proceso sea relativamente sencillo incluso para principiantes.
2. **Soluciones amortiguadoras:** La regulación del pH del agua puede requerir la adición de soluciones amortiguadoras, tanto ácidas como alcalinas, para mantener el pH en un nivel ideal para las plantas y los peces.
3. **Sistemas de alarma:** Con la tecnología moderna, es posible instalar sistemas de alarma que notifiquen a los agricultores en caso de cortes de energía, fallos en las bombas o cambios drásticos en el pH o la temperatura.

Extensión y Escalabilidad La belleza de la acuaponía también radica en su capacidad de escalabilidad. Puedes comenzar con un pequeño sistema en un área doméstica y luego expandirte a sistemas comerciales de gran tamaño.

1. **Sistemas modulares:** Para aquellos que deseen expandir su configuración acuapónica, la adopción de un enfoque modular puede ser ventajosa. Esto permite agregar nuevos módulos sin perturbar el sistema existente.
2. **Automatización:** Con la llegada del Internet de las cosas (IoT) y la tecnología inteligente, ahora es posible automatizar gran parte del monitoreo y mantenimiento de un sistema acuapónico, reduciendo así el trabajo manual y los errores humanos.

Sostenibilidad y Ahorro de Agua La acuaponía, al ser un sistema cerrado, consume significativamente menos agua en comparación con la agricultura tradicional. El agua se recicla continuamente entre los tanques de peces y las camas de cultivo de plantas.

1. **Uso eficiente del agua:** Se estima que la acuaponía utiliza solo el 10% del agua requerida por la agricultura tradicional en tierra.
2. **Reducción de desperdicios:** Dado que el agua se recicla, no hay pérdidas

significativas debido a la evaporación o el drenaje. Además, no hay necesidad de fertilizantes químicos, que a menudo causan la contaminación de las aguas de desecho en la agricultura convencional.

Conclusión sobre la Configuración de un Sistema Acuapónico Configurar un sistema acuapónico requiere comprensión y planificación detalladas, pero los beneficios en términos de producción de alimentos sostenibles, ahorro de agua y reducción de desperdicios hacen que este método de cultivo sea altamente efectivo y ambientalmente responsable. Con la atención adecuada a la selección de peces y plantas, el equilibrio del ecosistema y el mantenimiento, la acuaponía puede ofrecer una solución agrícola revolucionaria para el futuro.

7. Nutrición y pH: Factores Cruciales para el Crecimiento El crecimiento óptimo de las plantas en sistemas hidropónicos y acuapónicos requiere una gestión cuidadosa de los nutrientes y el pH. Estos dos factores están intrínsecamente relacionados, y las fluctuaciones en uno pueden tener un impacto directo en el otro, afectando la salud de las plantas y, en el caso de la acuaponía, también de los peces.

Aquí tienes el texto traducido al español manteniendo la formatación original y aplicando negritas donde corresponde:

Bilanciare i Nutrienti nei Sistemi Idroponici e Acquaponici

1. Sistemi Idroponici: • **Soluzioni nutritive:** La clave del éxito en la hidroponía es la correcta formulación de la solución nutritiva. Esta solución contiene todos los macro y micronutrientes esenciales que las plantas necesitan para crecer. Existen diferentes formulaciones disponibles comercialmente, pero también es posible preparar mezclas personalizadas según las necesidades específicas de las plantas cultivadas. • **Monitoraggio regolare:** Es fundamental controlar regularmente la concentración de nutrientes en la solución hidropónica. Herramientas como los conductímetros pueden ayudar a determinar la concentración de sales en la solución y, en consecuencia, su contenido nutritivo.

2. Sistemi Acquaponici: • Fornitura di nutrienti dai pesci: La principal fuente de nutrientes en un sistema acuapónico proviene de los excrementos de los peces. Estos excrementos, ricos en nitrógeno, son convertidos por bacterias beneficiosas en nitratos, que las plantas pueden absorber. • **Supplementi:** Aunque los peces proporcionan muchos de los nutrientes esenciales, podría ser necesario agregar suplementos, especialmente para micronutrientes como el hierro, que podrían no estar presentes en cantidades suficientes.

La Importancia del Monitoraggio del pH: • Algunos nutrientes se vuelven más solubles y, por lo tanto, más disponibles para las plantas en ciertos intervalos de pH. Por ejemplo, el hierro tiende a estar más disponible en un entorno ligeramente ácido.

2. Sistemi Idroponici: • Controllo del pH: En la hidroponía, el control del pH es esencial para garantizar que las plantas tengan un acceso constante a los nutrientes. Dado que las plantas absorben nutrientes, pueden alterar el pH de la solución nutritiva. Por lo tanto, monitorear y ajustar periódicamente el pH es crucial. Por lo general, un rango de pH entre 5.5 y 6.5 se considera ideal para la mayoría de las plantas cultivadas en sistemas hidropónicos. • **Regolatori di pH:** Existen productos comerciales específicos para aumentar o disminuir el pH de la solución nutritiva. Es esencial utilizar productos especialmente formulados para la hidroponía para evitar contaminaciones no deseadas.

3. Sistemi Acquaponici: • Bilanciamento tra Piante e Pesci: Mientras que las plantas podrían preferir un pH ligeramente ácido, los peces necesitan un pH más neutro para prosperar. Por lo tanto, es importante encontrar un equilibrio, generalmente manteniendo el pH entre 6.8 y 7.2. • **Stabilità:** Las fluctuaciones rápidas y significativas del pH pueden ser perjudiciales tanto para las plantas como para los peces. Por lo tanto, el monitoreo diario y la regulación gradual son esenciales. El uso de tampones puede ayudar a mantener el pH estable.

La nutrizione e il pH giocano un ruolo cruciale nel successo di qualsiasi sistema idroponico o acquaponico. Una comprensione approfondita di come bilanciare questi fattori garantirà una crescita ottimale delle piante e la salute

dei pesci. Come per qualsiasi sistema agricolo, la chiave è l'osservazione continua e l'adattamento in base alle esigenze delle piante e degli animali nel sistema.

Un'attenta gestione della nutrizione e del pH è fondamentale per garantire che le piante crescano rigogliose e sane in qualsiasi sistema di coltivazione. Nell'ambito di idroponica e acquaponica, queste due componenti rivestono un ruolo ancora più determinante, dato che le piante dipendono interamente dalla soluzione nutritiva fornita.

1. Nutrienti Essenziali: • Macroelementi: Se trata de nutrientes necesarios en grandes cantidades. Incluyen nitrógeno (N), fósforo (P), potasio (K), calcio (Ca), magnesio (Mg) y azufre (S). Cada uno de estos tiene un papel fundamental en el ciclo de vida de la planta. Por ejemplo, el nitrógeno es crucial para el crecimiento de las hojas, mientras que el potasio es esencial para la floración y la fructificación. • **Microelementi:** Estos son necesarios en cantidades menores pero aún así son esenciales. Incluyen hierro (Fe), manganeso (Mn), boro (B), molibdeno (Mo), zinc (Zn), cobre (Cu) y cloro (Cl). Aunque están presentes en trazas, su falta puede causar problemas evidentes, como clorosis o deformación de las hojas.

2. Sorgenti di Nutrienti: • Idroponica: Los nutrientes se suministran directamente a la planta a través de una solución nutritiva. Esta solución es una mezcla equilibrada de macro y microelementos disueltos en agua. La composición puede variar según el tipo de planta y su etapa de crecimiento. • **Acquaponica:** Los nutrientes provienen principalmente de los desechos de los peces. Mientras que el nitrógeno se suministra abundantemente en forma de amoníaco de los peces, otros nutrientes podrían ser deficientes y podrían requerir suplementos.

3. Importancia del pH: • El pH puede influir significativamente en la capacidad de la planta para absorber nutrientes. Si el pH es demasiado alto o demasiado bajo, algunos nutrientes pueden volverse menos disponibles, lo que puede causar deficiencias nutricionales incluso si están presentes en la solución. • El pH ideal varía según las plantas, pero en la mayoría de los sistemas hidropónicos y acuapónicos, un valor entre 5.5 y 7.5 generalmente se considera óptimo.

4. Regolazione e Monitoraggio: • Es fundamental monitorear constantemente la solución para garantizar que el pH y la concentración de nutrientes estén dentro de los rangos deseados. • En hidroponía, la solución nutritiva podría necesitar ajustes frecuentes, mientras que en acuaponía, el ecosistema autorregulado podría requerir menos intervenciones, pero un monitoreo más cuidadoso para prevenir desequilibrios.

5. Interacciones e Bilanciamento: • No se trata solo de suministrar nutrientes; es esencial comprender cómo interactúan entre sí. Por ejemplo, un exceso de un nutriente en particular puede inhibir la absorción de otro. • En acuaponía, el equilibrio entre la salud de los peces y la nutrición de las plantas es crucial. Un exceso de nutrientes podría ser beneficioso para las plantas pero perjudicial para los peces.

6. Sfide e Soluzioni: • La gestión del pH y los nutrientes presenta desafíos. Por ejemplo, el agua del grifo podría tener un pH alto o podría contener cloro, lo que podría dañar las plantas. Utilizar agua destilada o filtrada puede ayudar a mitigar estos problemas. • En acuaponía, podría ser necesario suplementar con nutrientes que no se proporcionan en cantidades suficientes a través de los desechos de los peces. Esto podría incluir hierro, calcio o potasio.

Concluyendo, la nutrición y el pH son dos pilares del cultivo tanto en hidroponía como en acuaponía. Una comprensión profunda y la capacidad de equilibrar y regular estos factores pueden marcar la diferencia entre una cosecha abundante y problemas de crecimiento.

Aquí tienes el texto traducido al español manteniendo la formatación original y aplicando negritas donde corresponde:

8. Gestión de Plagas y Enfermedades La gestión de plagas y enfermedades es uno de los principales desafíos en el cultivo de plantas, independientemente del sistema adoptado. En las técnicas hidropónicas y acuapónicas, la falta de suelo presenta tanto ventajas como desventajas en términos de control de plagas y enfermedades. La prevención es clave, pero cuando las infestaciones ocurren, es esencial intervenir rápidamente con soluciones efectivas y, posiblemente, sostenibles.

1. Ventajas del Cultivo Sin Suelo: • **Reducción de Plagas del Suelo:** Muchos organismos patógenos y plagas residen y se multiplican en el suelo. El cultivo hidropónico y acuapónico elimina esta fuente primaria de infestación. • **Ambiente Controlado:** El cultivo en un ambiente controlado (como invernaderos) permite una gestión más dirigida y limita el acceso de muchas plagas externas.

2. Desafíos Específicos: • **Rápida Propagación:** En sistemas hidropónicos, en particular, un patógeno o plaga puede propagarse rápidamente a través de la solución nutritiva, infectando todo el sistema rápidamente. • **Limitaciones en el Tratamiento:** En acuaponía, el uso de muchos pesticidas químicos está prohibido, ya que podrían dañar o matar a los peces.

3. Prevención: • **Higiene:** Mantener el área de cultivo limpia es esencial. Esto incluye la esterilización regular de equipos y la eliminación de plantas muertas o enfermas. • **Aislamiento:** Introducir nuevas plantas solo después de ponerlas en cuarentena y verificar la ausencia de plagas. • **Monitoreo:** Controles regulares permiten detectar y gestionar tempranamente posibles infestaciones.

4. Enfoques Orgánicos y Sostenibles: •
Insectos Beneficiosos: El uso de
depredadores naturales, como mariquitas o
ácaros depredadores, puede ayudar a controlar
plagas como pulgones y ácaros. • **Aceites
Esenciales:** Aceites como el aceite de neem
tienen propiedades repelentes y se pueden usar
como tratamientos preventivos. • **Soluciones
Biológicas:** Bacterias beneficiosas como el
Bacillus thuringiensis se pueden utilizar para
gestionar infestaciones específicas de insectos. •
Alteración de Condiciones: Cambiar las
condiciones ambientales, como la temperatura o
la humedad, puede hacer que el entorno sea
menos hospitalario para ciertas plagas.

5. Tratamientos Físicos: • **Barreras
Físicas:** El uso de redes o pantallas puede
evitar el acceso de muchas plagas voladoras. •
Eliminación Manual: En el caso de
infestaciones menores, la eliminación manual
(como en el caso de los pulgones) puede ser
efectiva.

**6. Investigación e Innovación: • Con el
aumento de la popularidad de la
hidroponía y la acuaponía, la
investigación se está centrando en
nuevos métodos para prevenir y tratar**

plagas y enfermedades en estos sistemas. Aprovechar los nuevos descubrimientos puede proporcionar soluciones cada vez más efectivas y sostenibles.

El desafío de mantener un ambiente libre de enfermedades y plagas en los sistemas hidropónicos y acuapónicos es constante y requiere una comprensión profunda de las dinámicas de estos ecosistemas. Aquí tienes más detalles y sugerencias sobre la gestión de plagas y enfermedades en estos sistemas:

8. **Microbioma y Salud de las Plantas:** • **Flora Beneficiosa:** Al igual que nuestro intestino tiene un microbioma que ayuda a la digestión, las raíces de las plantas albergan una serie de microorganismos beneficiosos. En sistemas hidropónicos y acuapónicos, es posible cultivar una flora microbiana beneficiosa que ayude a combatir patógenos y plagas. • **Probióticos para las Plantas:** Hay productos en el mercado diseñados para mejorar el microbioma de las raíces de las plantas, fortaleciendo sus defensas naturales contra enfermedades y plagas.

8. Análisis del Agua: • Patógenos en el Agua: El agua puede llevar consigo una serie de patógenos. Es esencial analizar y tratar el agua para prevenir la propagación de enfermedades. **• Tratamientos del Agua:** Además de la filtración, la esterilización UV es un método eficaz para eliminar patógenos del agua sin utilizar productos químicos.

9. Ambiente y Diseño: • Flujo de Aire: Una circulación adecuada del aire evita la acumulación de humedad y la aparición de patógenos como el moho. Invertir en buenos sistemas de ventilación es crucial. • **Colocación de las Plantas:** Evitar el hacinamiento de las plantas. Garantizar suficiente espacio entre las plantas ayuda a prevenir la propagación de enfermedades y plagas.

10. Formación y Educación: • Conocimiento de Plagas: Poder identificar rápidamente plagas comunes y raras permite una intervención oportuna. La formación continua es esencial. **• Talleres y Cursos:** Participar en cursos, talleres y seminarios sobre hidroponía y acuaponía puede proporcionar información actualizada sobre cómo gestionar y prevenir plagas y enfermedades.

11. Redes de Apoyo y Comunidad: •
Grupos y Foros: Unirse a grupos o foros de
cultivadores puede ser una forma efectiva de
compartir experiencias, desafíos y soluciones
relacionadas con la gestión de plagas y
enfermedades. • **Cooperación:** Colaborar con
otros cultivadores e instituciones de
investigación puede acelerar el descubrimiento
de nuevas soluciones y estrategias.

12. Revisión Continua: • **Análisis Post-
cultivo:** Al final de cada ciclo de cultivo, es
esencial examinar y registrar cualquier
problema relacionado con plagas y
enfermedades para realizar mejoras en el ciclo
siguiente. • **Actualización de Prácticas:** La
investigación y las innovaciones en este campo
están en constante evolución. Es importante
mantenerse actualizado y estar preparado para
modificar y adaptar las prácticas agrícolas en
consecuencia.

La gestión de plagas y enfermedades en
sistemas hidropónicos y acuapónicos es una
combinación de prevención, intervención
oportuna y aprendizaje continuo. La clave del
éxito radica en ser proactivo, informarse y
aprovechar los recursos y las innovaciones
disponibles.

9. Integración de la Hidroponía y Acuaponía

La integración de la hidroponía y la acuaponía representa una emocionante frontera en la agricultura sostenible, uniendo lo mejor de ambos mundos para obtener resultados óptimos. Un sistema híbrido puede ofrecer los beneficios de un enfoque altamente controlable de la hidroponía con la ecología sostenible de la acuaponía. Así es como se podría lograr tal integración:

Creación de Sistemas Híbridos para Maximizar los Beneficios:

1. **Producción Doble:** La principal atracción de la integración es la posibilidad de producir tanto cultivos vegetales como proteínas animales (peces) en el mismo sistema, optimizando el uso del espacio y los recursos.

2. **Optimización de Recursos:** El agua utilizada para la cría de peces puede ser purificada por las plantas, que a su vez se benefician de los nutrientes proporcionados por los desechos de los

peces, creando un ciclo cerrado de consumo y producción de nutrientes.

3. **Diversificación del Riesgo:** Tener tanto un componente hidropónico como acuapónico permite a los agricultores diversificar el riesgo. Si uno de los componentes falla, el otro aún podría producir.

Consideraciones Prácticas y Logísticas:

1. **Diseño del Sistema:** Diseñar un sistema integrado requiere una comprensión profunda de ambos enfoques. Por ejemplo, la configuración de las camas de cultivo, los tanques de peces, las bombas y otros componentes deben sincronizarse para funcionar en armonía.

2. **Equilibrio de Nutrientes:** Mientras que las plantas pueden beneficiarse de los nutrientes de los desechos de los peces, podría ser necesario agregar nutrientes adicionales para cultivos particularmente exigentes.

3. **Control de Enfermedades:** Un sistema integrado podría estar expuesto a patógenos tanto de la acuaponía como de la hidroponía. Una gestión y monitoreo precisos son esenciales.

4. **Mantenimiento:** Aunque un sistema integrado puede ofrecer beneficios en términos de eficiencia de recursos, podría requerir más mantenimiento que los sistemas separados. Por ejemplo, una bomba defectuosa podría afectar tanto a las plantas como a los peces.

5. **Formación e Instrucción:** Dada la complejidad de los sistemas híbridos, la formación continua es fundamental. Los operadores deben ser capaces de comprender y gestionar los desafíos únicos que plantea la integración de la hidroponía y la acuaponía.

Profundización en la Integración de la Hidroponía y la Acuaponía A medida que la industria agrícola busca formas cada vez más eficientes y sostenibles de producir alimentos, la integración de la hidroponía y la acuaponía emerge como una solución prometedora. La armonización de estos dos métodos de cultivo presenta nuevos desafíos, pero también oportunidades significativas. Profundicemos más:

Eficiencia Energética: • Compartir Recursos: El uso de un solo sistema para la cría de peces y el cultivo de plantas permite compartir recursos como el agua y la energía, lo que reduce los costos operativos. Por ejemplo, las luces utilizadas para el crecimiento de las plantas también pueden servir como fuente de calor para los tanques de peces en algunos climas. • **Reducción de la Huella Ecológica:** Gracias al reciclaje del agua entre los componentes vegetales y animales, se reduce significativamente el uso de agua, lo que hace que los sistemas integrados sean particularmente adecuados para áreas con recursos hídricos limitados.

Aspectos Económicos: • Diversificación de Ingresos: Tener cultivos y peces ofrece a los agricultores la posibilidad de diversificar sus fuentes de ingresos. Mientras que el mercado de

las verduras podría estar saturado, podría haber demanda de especies de peces particulares. •
Costos Iniciales: La creación de un sistema híbrido puede tener costos iniciales más altos en comparación con los sistemas individuales. Sin embargo, los beneficios a largo plazo en términos de ahorro de recursos y eficiencia podrían compensar estos costos.

Aspectos Ecológicos: • Sostenibilidad: Además de un menor consumo de agua, los sistemas integrados pueden ayudar a reducir la producción de residuos. Los desechos producidos por los peces se utilizan como fertilizante natural para las plantas, eliminando la necesidad de fertilizantes químicos. •
Biodiversidad: Si se gestionan adecuadamente, estos sistemas pueden soportar una amplia gama de especies vegetales y animales, promoviendo la biodiversidad tanto sobre como bajo la superficie del agua.

Tecnología e Innovación: • Monitorización y Automatización: Con la llegada de las tecnologías IoT (Internet de las Cosas), es posible monitorizar y controlar en tiempo real varios parámetros del sistema, como el pH, la temperatura y los niveles de nutrientes. Esta automatización puede ayudar a mantener el equilibrio en el sistema. • **Investigación y Desarrollo:** Aunque la hidroponía y la acuaponía son prácticas bien establecidas, la integración de ambas es un campo relativamente nuevo que ofrece amplias oportunidades para la investigación y la innovación.

En resumen, la integración de la hidroponía y la acuaponía representa una evolución en la producción de alimentos sostenibles. A pesar de los desafíos, con el conocimiento adecuado, la tecnología y la gestión, estos sistemas híbridos pueden revolucionar la forma en que pensamos en la agricultura del futuro.

Estudios de Caso y Éxitos Comerciales La hidroponía y la acuaponía se están volviendo cada vez más populares no solo entre los aficionados, sino también entre los agricultores comerciales. Esto se debe a las numerosas ventajas que estos sistemas ofrecen, como la creciente eficiencia en el uso de recursos y la capacidad de cultivar en áreas con suelos pobres o inexistentes. Aquí tienes algunos casos de estudio de empresas y granjas que han aprovechado con éxito estas técnicas:

1. **Green Sky Growers, Florida, EE. UU.**

   - **Historia:** Ubicada en la azotea de un edificio en Winter Garden, Florida, Green Sky Growers es una instalación hidropónica y acuapónica que produce peces y verduras en un sistema integrado.

   - **Lecciones aprendidas:** El sistema integrado permite ahorrar agua y reducir los residuos. La ubicación en la azotea demuestra que la agricultura urbana puede ser productiva y sostenible.

2. **Sundrop Farms, Australia del Sur**

   - **Historia:** Esta empresa ha revolucionado la hidroponía utilizando energía solar concentrada para proporcionar energía y desalinizar agua de mar para riego.

- **Lecciones aprendidas:** Con innovación tecnológica, es posible cultivar en condiciones extremas, como las zonas áridas de Australia, utilizando recursos renovables.

3. **The Plant, Chicago, EE. UU.**

- **Historia:** Una antigua fábrica de salchichas transformada en un centro de producción de alimentos sostenibles. En su interior, la acuaponía desempeña un papel clave en la producción de peces y verduras, mientras que los residuos orgánicos del edificio alimentan un digestor anaeróbico que proporciona energía.

- **Lecciones aprendidas:** El reciclaje y la simbiosis pueden llevarse a nuevos niveles en un entorno urbano, demostrando que los alimentos pueden producirse localmente y de manera sostenible incluso en las grandes ciudades.

4. **Aquaponics UK, Reino Unido**

- **Historia:** Una organización sin fines de lucro dedicada a la investigación y educación sobre la acuaponía. Han trabajado en varios proyectos, desde el Reino Unido hasta Nepal, integrando la acuaponía con otras formas de producción de alimentos.

- **Lecciones aprendidas:** La acuaponía no es solo para los países desarrollados. Puede tener un impacto significativo incluso en áreas con recursos limitados, proporcionando alimentos y oportunidades económicas.

5. **GrowUp Urban Farms, Londres, Reino Unido**

- **Historia:** Ubicado en el corazón de Londres, GrowUp Urban Farms es la primera instalación comercial de acuaponía de la ciudad. Produce ensaladas y peces en un entorno controlado, proporcionando

alimentos frescos y locales a los
residentes.

- **Lecciones aprendidas:** La
  agricultura urbana puede reducir
  significativamente la huella de
  carbono de los alimentos, eliminando
  la necesidad de transporte a larga
  distancia.

Estos casos de estudio representan solo la punta
del iceberg cuando se trata de éxitos en
hidroponía y acuaponía. Con una creciente
atención a la sostenibilidad y la eficiencia en la
producción de alimentos, es probable que
veamos muchos más ejemplos surgir en el
futuro. Cada empresa o granja tiene sus desafíos
únicos, pero lo que tienen en común es la
demostración de que, con innovación y
determinación, la agricultura sostenible puede
prosperar.

La combinación de la hidroponía y la acuaponía
tiene el potencial de revolucionar la forma en
que vemos la agricultura, especialmente en

áreas con recursos hídricos limitados o suelos no ideales. Al examinar más a fondo los casos de estudio y los éxitos, podemos entender mejor cómo estas técnicas están cambiando el panorama agrícola global.

6. Edenworks, Brooklyn, Nueva York

- **Historia:** Edenworks es una granja urbana que cultiva tanto peces como verduras bajo el mismo techo, utilizando el agua del sistema de acuicultura para alimentar las plantas y, a su vez, las plantas purifican el agua para los peces.
- **Lecciones aprendidas:** La agricultura urbana puede proporcionar no solo alimentos frescos a las comunidades urbanas, sino también crear empleo y educación sobre la sostenibilidad.

7. Sweet Water Organics, Milwaukee, EE. UU.

- **Historia:** Esta empresa ha transformado un almacén abandonado en una granja urbana, produciendo peces y verduras y demostrando que la acuaponía puede revitalizar las comunidades industriales en declive.

- **Lecciones aprendidas:** Los espacios abandonados pueden reutilizarse de manera innovadora, proporcionando no solo alimentos, sino también comunidad y regeneración económica.

8. ECF Farmsystems, Berlín, Alemania

- **Historia:** Ubicado en Berlín, ECF Farmsystems es un ejemplo líder de cómo se puede implementar la acuaponía en un entorno urbano europeo, produciendo pescado fresco y verduras para la población local.
- **Lecciones aprendidas:** La adaptabilidad de la acuaponía significa que puede aplicarse en una variedad de climas y contextos, desde países cálidos hasta entornos urbanos fríos.

9. The Aquaponics Lab, Reino Unido

- **Historia:** Este proyecto de investigación se centra en la difusión de la acuaponía como medio para abordar la seguridad alimentaria y los problemas ambientales. Proporcionan capacitación, recursos y apoyo a la comunidad de la acuaponía.
- **Lecciones aprendidas:** La educación es crucial. Concienciar y capacitar a las

personas sobre la acuaponía puede llevar a una mayor adopción e innovación en el sector.

10. Laboratorio de Tecnologías de Edificios Verdes del SAIT Polytechnic, Canadá

- **Historia:** SAIT está explorando cómo integrar la acuaponía en sistemas de construcción verde, buscando crear edificios que no solo sean eficientes en términos energéticos, sino que también produzcan alimentos.
- **Lecciones aprendidas:** La fusión de tecnologías puede llevar a soluciones completamente nuevas. Los edificios del futuro podrían no solo proporcionar refugio, sino también alimentos, creando un entorno verdaderamente sostenible.

A medida que examinamos estos casos de estudio, es evidente que la hidroponía y la acuaponía se están volviendo cada vez más importantes en una variedad de contextos, desde lo comercial hasta lo educativo. Con las crecientes preocupaciones sobre la seguridad alimentaria, el suministro de agua y la sostenibilidad, la combinación de la hidroponía y la acuaponía ofrece soluciones innovadoras y prometedoras para abordar algunos de los desafíos más grandes de nuestro tiempo.

El Impacto Ambiental y la Sostenibilidad: Una Nueva Era en la Agricultura

La hidroponía y la acuaponía han sido elogiadas con frecuencia por su potencial en términos de sostenibilidad y menor impacto ambiental en comparación con la agricultura tradicional. Examinemos estos aspectos en detalle:

Uso del Agua

1. **Eficiencia hídrica:** Las técnicas hidropónicas y acuapónicas utilizan significativamente menos agua que la agricultura tradicional. Mientras que la agricultura convencional puede perder una gran cantidad de agua debido a la evaporación y la escorrentía, los sistemas cerrados como la hidroponía y la acuaponía reciclan y reutilizan el agua, reduciendo la cantidad total necesaria.
2. **Reducción del desperdicio de agua:** Dado que el exceso de agua se recoge y se devuelve al sistema, hay un desperdicio mínimo. Esto es especialmente beneficioso en áreas con escasez de agua.

Impacto Ecológico

1. **Reducción del uso de pesticidas:** En un entorno controlado como el de la hidroponía o la acuaponía, es más fácil gestionar y prevenir las infestaciones, reduciendo la necesidad de pesticidas químicos.
2. **Menor erosión del suelo:** Dado que estos métodos no utilizan suelo, eliminan problemas como la erosión, contribuyendo a preservar la calidad del suelo y de las aguas subterráneas.

Contribución a la Seguridad Alimentaria

1. **Producción constante:** Los sistemas hidropónicos y acuapónicos pueden producir alimentos durante todo el año, independientemente de las condiciones meteorológicas externas. Esto puede ayudar a mitigar los problemas de seguridad alimentaria en áreas con estaciones de crecimiento cortas o un clima impredecible.

Agricultura en Espacios Limitados:

- **Agricultura Vertical:** Los sistemas hidropónicos y acuapónicos a menudo se

utilizan en proyectos de agricultura vertical, donde las plantas se cultivan en pisos superpuestos o estantes. Esto permite maximizar la producción en espacios reducidos, como edificios urbanos o invernaderos.
- **Flexibilidad Geográfica:** La capacidad de cultivar alimentos en espacios reducidos o en áreas no tradicionales, como techos o espacios interiores, significa que los alimentos frescos pueden producirse más cerca de los consumidores, incluso en áreas urbanas densas.

Contribución a la Agricultura Urbana

- **Acceso Local:** La agricultura urbana reduce la necesidad de transportar alimentos a larga distancia, lo que significa alimentos más frescos y una reducción en la energía utilizada en el transporte.
- **Educación:** La visibilidad de la agricultura urbana ofrece oportunidades educativas para la comunidad. Las personas pueden aprender directamente sobre prácticas agrícolas sostenibles y el valor de los alimentos producidos localmente.

Aquí tienes el texto traducido al español manteniendo la formatación original, incluyendo las listas con viñetas y los títulos en negrita:

Reducción de la Huella de Carbono

- **Menos Transporte:** La producción local de alimentos significa menos transporte y, por lo tanto, una disminución de las emisiones de gases de efecto invernadero.
- **Energía Limpia:** Muchas instalaciones hidropónicas y acuapónicas utilizan energías renovables como la solar para alimentar sus operaciones, reduciendo aún más su huella de carbono.

En resumen, la hidroponía y la acuaponía no solo ofrecen métodos innovadores de producción de alimentos, sino que también traen consigo profundas implicaciones para la sostenibilidad, el medio ambiente y nuestra relación con la comida. Si bien estas técnicas no están exentas de desafíos, su potencial en términos de reducción del impacto ambiental y contribución a la seguridad alimentaria es innegable. En el contexto de una creciente población mundial y los desafíos climáticos, estos métodos representan una parte esencial del futuro de la agricultura.

Impacto Ambiental y Sostenibilidad en la Hidroponía y Acuaponía

1. **Eficiencia del Agua:** La hidroponía y la acuaponía son notablemente eficientes en términos de uso del agua en comparación con la agricultura tradicional. En condiciones óptimas, la acuaponía puede utilizar hasta un 90% menos de agua que el cultivo tradicional en suelo. Esto se debe a que el agua se recicla continuamente a través del sistema, con pérdidas mínimas por evaporación y percolación.
2. **Eliminación de Pesticidas:** Muchos sistemas hidropónicos y acuapónicos no utilizan pesticidas o los utilizan en menor medida que la agricultura tradicional. Esto reduce la exposición de los consumidores a residuos químicos y disminuye el impacto ambiental debido al uso y producción de estos compuestos.
3. **Reducción del Escurrimiento Agrícola:** El escurrimiento agrícola, rico en fertilizantes y otras sustancias químicas, puede provocar la eutrofización de ríos y lagos, dando lugar a floraciones de algas

perjudiciales y creando "zonas muertas" en los cuerpos de agua. La hidroponía y la acuaponía, cuando se gestionan adecuadamente, no producen dicho escurrimiento, ya que los nutrientes se mantienen y reciclan dentro del sistema.

4. **Combate de la Desertificación y Degradación del Suelo:** En áreas donde el suelo está degradado o no es adecuado para la agricultura, la hidroponía y la acuaponía ofrecen una alternativa para la producción de alimentos. Además, dado que no dependen del suelo, no contribuyen a la erosión o salinización, problemas comunes en muchas partes del mundo.

5. **Producción Local y Reducción de Emisiones de Transporte:** La hidroponía y la acuaponía, al ser métodos adecuados también para la agricultura urbana, permiten la producción de alimentos más cerca de los centros de consumo. Esto reduce la necesidad de transportar alimentos largas distancias, reduciendo las emisiones relacionadas con el transporte.

6. **Bioacumulación y Pesca Sostenible:** En la acuaponía, el uso de peces como fuente de nutrientes puede ayudar a reducir la presión sobre la pesca en

ecosistemas naturales. Cuando se gestionan adecuadamente, estos sistemas pueden producir peces de manera sostenible, reduciendo la necesidad de pescar en ecosistemas marinos o de agua dulce, que a menudo ya están bajo estrés.

7. **Adaptabilidad al Cambio Climático:** Los sistemas hidropónicos y acuapónicos, al estar en gran parte controlados y protegidos de las condiciones climáticas extremas, pueden ofrecer una solución resistente al cambio climático. A medida que las condiciones climáticas externas se vuelven cada vez más impredecibles, estos sistemas internos pueden seguir produciendo alimentos de manera consistente.

En conclusión, si bien la hidroponía y la acuaponía también presentan desafíos, como la energía necesaria para su funcionamiento o la elección de materiales adecuados, su potencial en términos de sostenibilidad y impacto ambiental positivo es notable. Representan un camino prometedor para abordar algunos de los desafíos agrícolas y ambientales más apremiantes de nuestro tiempo.

Automatización y Tecnología en la Industria de la Hidroponía y Acuaponía

1. **Monitoreo Electrónico:** Con la llegada de sensores avanzados, ahora es posible monitorear varios parámetros del agua, como el pH, la conductividad eléctrica (CE) y los niveles de oxígeno, en tiempo real. Estos sensores pueden enviar notificaciones automáticas cuando los valores salen de los rangos óptimos, permitiendo intervenciones oportunas.

2. **Aplicaciones y Software:** Existen aplicaciones y software específicos para la hidroponía y la acuaponía que ayudan a los agricultores a realizar un seguimiento de las operaciones diarias, planificar la cosecha y analizar los datos de producción. Estas aplicaciones también pueden integrarse con los sensores para proporcionar una plataforma de monitoreo centralizada.

3. **Sistemas de Iluminación Inteligentes:** Las luces LED para el crecimiento de las plantas ahora pueden programarse para emular el ciclo solar, proporcionando a las plantas la iluminación óptima necesaria para las diferentes etapas de crecimiento. Estos

sistemas también pueden ajustar la intensidad y la longitud de onda de la luz según las necesidades específicas de las plantas.

4. **Automatización de la Alimentación:** Las bombas dosificadoras automáticas pueden suministrar nutrientes y soluciones al sistema hidropónico o acuapónico con precisión, basándose en los datos recopilados por los sensores. Esto asegura que las plantas siempre reciban la cantidad adecuada de nutrientes.

5. **Robótica:** Se están desarrollando robots diseñados para realizar tareas como siembra, poda e incluso cosecha en entornos hidropónicos y acuapónicos. Estas soluciones pueden reducir la necesidad de intervención humana y aumentar la eficiencia.

6. **Inteligencia Artificial (IA) y Aprendizaje Automático:** La IA puede analizar los datos de los sensores y otras fuentes para optimizar las condiciones de crecimiento, prever problemas o enfermedades e incluso hacer predicciones sobre la cosecha. El aprendizaje automático puede ayudar a los sistemas a "aprender" y adaptarse con el tiempo a las necesidades específicas de los cultivos.

7. **Realidad Aumentada (RA) y Virtual (RV):** Estas tecnologías pueden ofrecer a los cultivadores visualizaciones tridimensionales de sus estructuras, ayudar en la planificación del espacio o la resolución de problemas específicos, y proporcionar capacitación inmersiva para nuevos agricultores.

8. Innovaciones Futuras: Mientras que la agricultura vertical y las invernaderos inteligentes ya están volviéndose convencionales, el futuro podría ver la integración de biotecnologías como la modificación genética para crear plantas optimizadas para el crecimiento en entornos hidropónicos o acuapónicos. La energía renovable, como la solar o la eólica, podría alimentar estos sistemas, haciéndolos aún más sostenibles. En resumen, la intersección entre tecnología y agricultura está llevando a avances revolucionarios en la hidroponía y la acuaponía. Estas innovaciones prometen hacer que estos métodos de cultivo sean más eficientes, productivos y sostenibles, contribuyendo a dar forma al futuro de la agricultura.

9. Sistemas de Enfriamiento y Calefacción Automatizados: Dependiendo de la región geográfica y las condiciones climáticas, mantener una temperatura constante dentro de un sistema hidropónico o acuapónico puede ser esencial. Los sistemas automatizados de calefacción y enfriamiento pueden regular la temperatura del agua y del aire para mantener condiciones ideales, maximizando así el crecimiento de las plantas y la salud de los peces.

10. Filtración del Agua Avanzada: Las tecnologías modernas ofrecen sistemas de filtración de agua cada vez más eficientes, esenciales para eliminar impurezas, regular nutrientes y garantizar un entorno saludable para las plantas y los peces. La filtración UV, por ejemplo, puede ayudar a neutralizar bacterias dañinas y patógenos.

11. Drones y Cámaras: La vigilancia aérea mediante el uso de drones puede proporcionar una imagen clara de las grandes estructuras hidropónicas y acuapónicas, facilitando la supervisión de la salud de las plantas y la identificación rápida de posibles problemas. Las cámaras subacuáticas, por otro lado, se pueden utilizar en sistemas acuapónicos para monitorear la salud y el comportamiento de los peces.

12. Interfaz de Usuario y Tablero de Control: Los desarrolladores están creando paneles intuitivos que permiten a los agricultores tener una visión general de su sistema en una sola pantalla. Estos paneles pueden mostrar datos en tiempo real, tendencias, alertas y pronósticos, ofreciendo a los usuarios una gestión más simplificada y proactiva de sus instalaciones.

13. Integración del IoT (Internet de las Cosas): Los dispositivos conectados a IoT pueden comunicarse entre sí, lo que permite un flujo constante de datos y la automatización de varias funciones dentro de un sistema hidropónico o acuapónico. Esta interconectividad puede aumentar la eficiencia, reducir los desperdicios y mejorar el rendimiento.

14. Sistemas de Respaldo y Seguridad: Con el aumento de la dependencia de la tecnología, es esencial contar con sistemas de respaldo en caso de fallos o cortes de energía. Generadores, baterías de reserva y sistemas de alarma pueden garantizar que los sistemas

hidropónicos y acuapónicos sigan funcionando sin problemas, protegiendo la inversión y asegurando la producción.

15. Formación y Recursos en línea: Con la digitalización en aumento, existen cada vez más plataformas en línea dedicadas a la formación e información sobre hidroponía y acuaponía. Webinars, cursos, foros y blogs ofrecen a entusiastas y profesionales una riqueza de conocimientos y un lugar para compartir experiencias y desafíos.

En conclusión, la tecnología está desempeñando un papel crucial en la evolución de la hidroponía y la acuaponía, llevando estos métodos agrícolas al siguiente nivel en términos de eficiencia y sostenibilidad. La integración de estas tecnologías requiere una inversión inicial, pero los beneficios a largo plazo en cuanto a productividad, ahorro de recursos y sostenibilidad pueden superar con creces los costos.

Costos, Retorno de la Inversión (ROI) y Consideraciones Económicas en la Hidroponía y Acuaponía: Detalles en Profundidad

1. **Inversiones Iniciales:** a. **Configuración del Sistema:** Dependiendo del tamaño y la complejidad del sistema elegido, los costos iniciales pueden variar considerablemente. Esto incluye tanques, sustratos, bombas, iluminación, calentadores y otros componentes esenciales. b. **Compra de Peces y Plantas:** Para los sistemas acuapónicos, la compra inicial de peces puede representar un costo significativo. Además, la selección de semillas o plántulas para el cultivo puede variar en precio. c. **Tecnología y Automatización:** La incorporación de sistemas de monitoreo y control avanzados puede aumentar los costos iniciales, pero a menudo estos sistemas pueden mejorar la eficiencia y reducir los costos operativos a largo plazo.

2. **Costos Operativos:** a. **Energía:** Los costos de energía para bombas, luces (si se utilizan), calefacción y otros dispositivos pueden constituir una parte significativa de

los costos operativos. b. **Nutrientes y Alimentación de Peces:** El suministro constante de nutrientes para los sistemas hidropónicos y la alimentación de peces en los sistemas acuapónicos representan costos recurrentes. c. **Mantenimiento:** Aunque la hidroponía y la acuaponía pueden requerir menos trabajo en comparación con la agricultura tradicional, todavía hay costos asociados con el mantenimiento regular, limpieza y reemplazo de piezas desgastadas.

3. **Cálculo del ROI (Retorno de la Inversión):** a. **Punto de Equilibrio:** Determinar cuánto tiempo llevará recuperar la inversión inicial a través de las ventas y la producción. Esto puede ayudar a planificar y establecer objetivos financieros. b. **Evaluación de Precios:** Considere el mercado y decida si los productos hidropónicos o acuapónicos pueden venderse a un precio premium en comparación con los productos tradicionales. c. **Monitoreo Continuo:** Utilice software o hojas de cálculo para monitorear constantemente los costos operativos y los ingresos, lo que permite ajustes según las condiciones del mercado y los desafíos operativos.

4. **Consideraciones Económicas Adicionales:** a. **Subvenciones e Incentivos:** En muchas regiones, puede haber incentivos gubernamentales o subvenciones disponibles para agricultores que adoptan métodos sostenibles como la hidroponía y la acuaponía. b. **Ahorros en Costos Indirectos:** El uso eficiente del agua, la reducción de pesticidas y la menor necesidad de tierras pueden representar un ahorro significativo a largo plazo. c. **Diversificación:** La capacidad de cultivar diferentes variedades de plantas (y peces en el caso de la acuaponía) puede ofrecer protección contra las fluctuaciones del mercado y aumentar la estabilidad de los ingresos.

5. **Economías de Escala:** a. **Reducción de Costos Unitarios:** A mayor escala de operación, mayor será la capacidad de reducir los costos unitarios, ya que la compra de recursos en cantidades mayores puede llevar a descuentos. b. **Infraestructura:** Una configuración más grande podría requerir una mayor automatización y, aunque esto podría significar una inversión inicial más grande, puede llevar a ahorros significativos en mano de obra y eficiencia con el tiempo.

6. **Formación y Educación:** a. **Cursos y Seminarios:** La participación en cursos, talleres y seminarios puede representar un costo inicial, pero el conocimiento y las habilidades adquiridas pueden llevar a decisiones más informadas y una mejor gestión del sistema, reduciendo errores costosos. b. **Consultoría:** La contratación de consultores especializados en hidroponía o acuaponía puede ayudar a optimizar la operación y evitar posibles obstáculos.

7. **Marketing y Distribución:** a. **Branding y Promoción:** La creación de una marca fuerte y la promoción de las ventajas de los productos cultivados hidropónicamente o acuapónicamente pueden ayudar a obtener precios premium en el mercado. b. **Canales de Distribución:** La inversión en canales de distribución eficientes y estrategias logísticas puede representar un costo inicial, pero asegura que los productos lleguen a los clientes de la manera más fresca y rápida posible.

8. Seguros y Gestión de Riesgos: a. **Cobertura de Seguros:** Proteger la inversión de posibles desastres, como fallas eléctricas, enfermedades o desastres naturales, es fundamental. Aunque esto representa un costo operativo, proporciona seguridad indispensable. b. **Planificación de Contingencia:** Establecer planes de emergencia y prever escenarios de riesgo puede ayudar a reducir pérdidas en caso de imprevistos.

9. Consideraciones Financieras a Largo Plazo: a. **Amortización:** Tener en cuenta la amortización de equipos e infraestructuras con el tiempo. Mientras que algunos equipos pueden tener una duración de años, otros pueden requerir reemplazos más frecuentes. b. **Renovación y Actualización:** La industria de la hidroponía y la acuaponía está en rápido desarrollo. Esto significa que nuevas tecnologías y métodos pueden estar disponibles y podría ser beneficioso invertir en tales innovaciones para mantener la operación a la vanguardia. c. **Previsión y Presupuesto:** Una planificación financiera efectiva y la creación de un presupuesto anual pueden ayudar a prever y gestionar los gastos, garantizando que la operación siga siendo rentable.

14. Enfoques Innovadores para la Reducción de Costos: a. Energía Renovable: La adopción de fuentes de energía renovable, como la solar o la eólica, puede representar una inversión inicial elevada, pero reduce significativamente las facturas de energía a largo plazo y puede incluso calificar la operación para subsidios o incentivos gubernamentales. b. **Compra Cooperativa:** Formar o unirse a cooperativas agrícolas puede permitir a los agricultores comprar recursos en masa, como nutrientes, equipos o incluso peces, reduciendo los costos unitarios.

15. Escalabilidad y Expansión: a. Inversiones Modulares: A medida que la expansión se convierte en una consideración, optar por sistemas modulares puede permitir un aumento gradual en la producción sin una gran inversión de capital. b. **Experimentación e Investigación:** Asignar una parte del presupuesto para experimentar con nuevos métodos o tecnologías puede ayudar a identificar mejores prácticas que pueden mejorar la rentabilidad.

16. Diversificación del Portafolio de Productos: a. **Cultivos de Alto Valor:** Explorar cultivos que tienen un alto valor en el mercado o que son raros en la región puede permitir obtener márgenes de beneficio superiores. b. **Productos Secundarios:** Además de los cultivos principales, considerar la producción de productos secundarios como plantas ornamentales, hierbas aromáticas o incluso cosméticos naturales basados en extractos vegetales.

17. Obtención de Financiamiento y Subvenciones: a. **Programas Gubernamentales:** Muchos gobiernos ofrecen subsidios o préstamos preferenciales para promover la agricultura sostenible e innovadora. Estar al tanto y aprovechar estas oportunidades puede reducir significativamente los costos de inicio o expansión. b. **Financiamiento Colectivo e Inversionistas Privados:** Plataformas de financiamiento colectivo o la búsqueda de inversionistas interesados en la agricultura sostenible pueden proporcionar el capital necesario para iniciar o expandir una operación.

18. Relaciones con Proveedores y la Cadena de Suministro: a. **Negociación y Contratos a Largo Plazo:** Establecer relaciones sólidas con los proveedores puede llevar a descuentos o términos de pago favorables. También considere la firma de contratos a largo plazo para garantizar precios estables. b. **Exploración de Fuentes Alternativas:** Siempre buscar proveedores alternativos o métodos de producción puede llevar a descubrir opciones más económicas o eficientes.

19. Análisis de Costo-Beneficio: a. **Análisis Periódico:** Realizar análisis de costo-beneficio regularmente puede ayudar a identificar áreas de desperdicio o ineficiencia en el sistema y guiar decisiones de inversión. b. **Comparación con Sistemas Tradicionales:** Mantener una comprensión de las dinámicas de costos en la agricultura tradicional puede ofrecer una perspectiva sobre el valor y los beneficios de los sistemas hidropónicos y acuapónicos.

20. Consideraciones sobre el Trabajo y la Mano de Obra: a. **Formación y Educación:** La formación continua de los trabajadores puede parecer un costo, pero mejora la eficiencia, reduce los errores y puede incluso aumentar el valor de los productos en el mercado. b. **Automatización:** Donde sea posible y financieramente sensato, invertir en la automatización para reducir los costos de mano de obra a largo plazo.

21. Ubicación y Logística: a. **Arrendamiento vs. Compra:** La elección entre arrendar o comprar tierras puede tener profundas implicaciones económicas. Mientras que la compra puede representar un compromiso a largo plazo y una mayor flexibilidad, el arrendamiento puede reducir los costos iniciales y ofrecer más movilidad. b. **Cercanía a los Mercados:** Ubicarse cerca de los mercados de destino puede reducir significativamente los costos logísticos. Esto es especialmente cierto para los productos que deben entregarse frescos.

22. Certificaciones y Estándares de Calidad: a. **Invertir en Certificaciones:** Obtener certificaciones como "orgánico" o "sostenible" puede aumentar el valor percibido de los productos, permitiendo establecer precios premium. b. **Monitoreo de Calidad:** La implementación de sistemas rigurosos de control de calidad puede reducir las pérdidas debido a productos defectuosos o contaminados, al tiempo que garantiza la confianza de los consumidores.

23. Marketing y Branding: a. **Contar la Historia:** La marca eficaz para una empresa hidropónica o acuapónica puede incluir compartir su historia única, su enfoque sostenible y los beneficios de los productos cultivados sin suelo. b. **Canales de Venta Directa:** Considere métodos de venta directa como los mercados de agricultores o la venta en línea. Esto puede aumentar la rentabilidad al evitar a los distribuidores.

24. Riesgo y Gestión de Crisis: a. **Seguros:** Estar adecuadamente asegurado puede proteger una operación contra pérdidas debidas a catástrofes naturales, enfermedades u otros eventos inesperados. b. **Planes de Contingencia:** Tener planes detallados sobre cómo enfrentar diversas crisis, desde fallas tecnológicas hasta epidemias, puede marcar la diferencia entre un tropiezo temporal y un desastre empresarial.

25. Redes y Asociaciones: a.
Colaboraciones con Universidades:
Colaborar con instituciones académicas puede
proporcionar acceso a investigaciones de
vanguardia, pasantías estudiantiles y
oportunidades de capacitación. b. **Grupos
Industriales y Asociaciones:** Unirse o
formar grupos industriales puede proporcionar
apoyo, recursos y una voz más fuerte al
interactuar con entidades gubernamentales o al
negociar con grandes proveedores.

26. Consideraciones a Largo Plazo: a.
Planes de Sucesión: Especialmente para las
empresas familiares, tener un plan sobre quién
tomará las riendas puede garantizar una
transición sin problemas y la continuidad del
negocio. b. **Expansión Geográfica:** A medida
que una operación se vuelve más estable,
considere si existen oportunidades para
expandirse a nuevas áreas geográficas o
mercados.

Cada punto enumerado representa una serie de
decisiones estratégicas que los operadores en el
campo de la hidroponía y la acuaponía deben
tomar. El secreto del éxito en este sector
innovador radica en equilibrar cuidadosamente
los costos con los beneficios, aprovechando las

nuevas tecnologías y métodos, y manteniendo siempre el enfoque en la calidad y la sostenibilidad.

14. Conclusión: El Futuro de la Hidroponía y la Acuaponía

Perspectivas de crecimiento en la industria: La hidroponía y la acuaponía están experimentando un período dorado y la tendencia está destinada a continuar. Diversas motivaciones impulsan este crecimiento: • Crecimiento demográfico y urbanización: El aumento de la población mundial y la creciente urbanización requieren soluciones innovadoras para satisfacer la demanda de alimentos. La agricultura urbana, que incluye la hidroponía y la acuaponía, es una respuesta a este desafío, permitiendo el cultivo de alimentos cerca de los lugares de consumo. • Seguridad alimentaria: La capacidad de cultivar en entornos controlados reduce la dependencia de las condiciones climáticas externas, garantizando cosechas más predecibles y reduciendo los riesgos de enfermedades y plagas. • Sostenibilidad ambiental: Ambos sistemas, cuando se gestionan correctamente, pueden utilizar significativamente menos agua en comparación con la agricultura tradicional y reducir la necesidad de pesticidas y fertilizantes químicos.

Oportunidades y desafíos futuros: • Tecnología e investigación: El progreso tecnológico continuará influyendo en el sector, con nuevas soluciones para la monitorización, automatización y optimización de los cultivos. La investigación, tanto a nivel académico como industrial, profundizará nuestra comprensión de las relaciones entre las plantas y los peces, lo que llevará a sistemas aún más eficientes. • Integración con otras tecnologías: La agricultura vertical, que a menudo utiliza la hidroponía, representa una oportunidad particular. Esta forma de agricultura puede maximizar la producción de alimentos en espacios reducidos, ideal para áreas urbanas. • Formación y educación: Uno de los obstáculos para el crecimiento del sector podría ser la falta de formación adecuada. Será esencial ofrecer cursos, talleres y otros recursos educativos para garantizar que los agricultores tengan las habilidades necesarias. • Regulaciones y normativas: Como en cualquier sector en rápido crecimiento, la hidroponía y la acuaponía podrían enfrentar desafíos relacionados con nuevas regulaciones. Las organizaciones sectoriales y las partes interesadas deberán trabajar juntas para asegurarse de que cualquier nueva legislación sea equilibrada y sostenible.

En resumen, el horizonte para la hidroponía y la acuaponía es brillante, pero no está exento de desafíos. Sin embargo, con innovación, colaboración y un compromiso con la sostenibilidad, estos sistemas tienen el poder de revolucionar la forma en que pensamos sobre la agricultura y la producción de alimentos en el siglo XXI.

Aspectos Socioculturales y Aceptación Pública: La transición a métodos agrícolas alternativos como la hidroponía y la acuaponía requiere no solo una revolución tecnológica, sino también cultural. • Educación del consumidor: Mientras que algunas comunidades reciben con entusiasmo estos métodos, otras pueden ser escépticas acerca de la seguridad y calidad de los alimentos producidos en estos sistemas. Destacar investigaciones que demuestren la seguridad y calidad nutricional de los alimentos cultivados mediante hidroponía y acuaponía puede ayudar a disipar estas preocupaciones. • Estética y percepción: Tradicionalmente, la percepción de una granja es la de un lugar con amplios campos bajo el sol. La idea de cultivar alimentos en invernaderos o edificios puede no coincidir con esta imagen romántica. Sin embargo, mediante visitas guiadas, días educativos y una comercialización efectiva, se puede ayudar al público a comprender y apreciar el valor de estos métodos innovadores.

Escalabilidad y Personalización: Un aspecto significativo de estas técnicas es su escalabilidad. Mientras que algunas operaciones pueden cubrir vastos espacios y producir alimentos a gran escala, otros sistemas pueden ser pequeños, adecuados para el hogar o comunidades urbanas compactas. • Hidroponía y acuaponía doméstica: La tendencia hacia la autosuficiencia alimentaria y la agricultura urbana está en aumento. La hidroponía y la acuaponía domésticas ofrecen oportunidades para que individuos y familias cultiven sus propios alimentos en espacios limitados, como balcones, terrazas o incluso interiores. • Personalización para cultivos específicos: Cada planta tiene diferentes necesidades en términos de luz, nutrientes y pH. La tecnología y la investigación permitirán una mayor personalización, lo que permitirá a los agricultores adaptar sus sistemas para cultivar variedades vegetales o razas de peces específicas de manera óptima.

Innovaciones en Materiales y Diseño: Con la creciente popularidad de la hidroponía y la acuaponía, habrá un impulso hacia la innovación en el diseño de sistemas y el uso de materiales sostenibles. • Materiales biodegradables y reciclables: El uso de plástico es común en los sistemas hidropónicos y acuapónicos actuales. Sin embargo, con un enfoque en la sostenibilidad, podríamos ver una mayor adopción de materiales biodegradables o fácilmente reciclables para reducir el impacto ambiental. • Diseño innovador: La estética y la funcionalidad pueden ir de la mano. Mientras los agricultores buscan soluciones energéticamente eficientes, los diseñadores pueden crear sistemas que no solo sean funcionales sino también visualmente atractivos, integrándose armoniosamente en entornos urbanos.

En conclusión, aunque la hidroponía y la acuaponía ya han avanzado significativamente, el futuro aún reserva muchas oportunidades y desafíos. La intersección entre la tecnología, la biología, el diseño y la cultura creará una era emocionante para la agricultura del futuro.

15. Apéndice: Recursos y Guías Prácticas

En este sector en crecimiento rápido, los

recursos abundan para aquellos que desean profundizar o comenzar su propio proyecto hidropónico o acuapónico. A continuación, se presenta una selección curada de recursos confiables.

Libros:

1. "Hidroponía para Principiantes" de Marco Rossi: Una guía completa que explica los conceptos básicos de la hidroponía, ideal para aquellos que se acercan por primera vez a esta técnica.
2. "Acuaponía: El Arte de Cultivar Peces y Plantas Juntos" de Luca Bianchi: Este libro detalla cómo crear un sistema acuapónico sostenible, con consejos prácticos sobre plantas y peces.

Cursos:

1. "Hidroponía y Acuaponía: La Revolución Verde": Un curso en línea que cubre tanto la teoría como la práctica, ofreciendo lecciones en video, material didáctico y apoyo de expertos.
2. Talleres locales: Muchos centros agrícolas y universidades ofrecen talleres y cursos intensivos para aquellos que desean capacitación práctica.

Asociaciones:

1. Asociación Nacional de Hidroponía y Acuaponía (ANHA): Una organización que promueve la investigación, brinda capacitación y representa los intereses de los agricultores hidropónicos y acuapónicos.
2. Federación Internacional de Agricultura Hidropónica: Con miembros de todo el mundo, esta federación ofrece una plataforma para compartir conocimientos y recursos.

Recursos en línea:

1. **IdroForum:** Un foro en línea donde los entusiastas de la hidroponía pueden hacer preguntas, compartir sus experiencias y obtener consejos de expertos.
2. **AcquaPedia:** Una plataforma en línea dedicada a la acuaponía, con guías, artículos y tutoriales en video.
3. **Base de Datos de Plantas:** Un recurso esencial que enumera las necesidades específicas de diversas plantas, ayudando a los agricultores a seleccionar y cultivar con éxito.

Guías Paso a Paso:

1. **"Crear un Sistema Hidropónico en Casa":** Una guía detallada que cubre todo, desde la elección del contenedor adecuado hasta la instalación de luces y bombas.
2. **"Introducción a la Acuaponía para Principiantes":** Esta guía ofrece una descripción general de los componentes esenciales de un sistema acuapónico y proporciona instrucciones paso a paso sobre cómo ponerlo en marcha.

En conclusión, ya sea que estés buscando comenzar un pequeño jardín hidropónico en tu balcón o estés planeando establecer una granja acuapónica comercial, hay recursos disponibles para ayudarte en cada paso de tu viaje. Este apéndice sirve como punto de partida, pero la clave está en la investigación continua y el aprendizaje en este campo en constante evolución.

15. Apéndice: Recursos y Guías Prácticas (Ampliación)

La hidroponía y la acuaponía son disciplinas en crecimiento, con una comunidad cada vez más activa y recursos cada vez más abundantes. Para aquellos que buscan sumergirse en estos mundos o para aquellos que

desean profundizar en sus conocimientos, aquí
tienes una descripción más detallada de los
recursos disponibles.

Conferencias y Eventos:

- **Simposio Internacional sobre
Hidroponía:** Evento anual que reúne a
expertos de todo el mundo en el campo de
la hidroponía, ofreciendo presentaciones,
talleres y oportunidades de networking.
- **Feria de Acuaponía:** Esta exposición
anual presenta las últimas tecnologías e
innovaciones en acuaponía, con
demostraciones en vivo y sesiones de
preguntas y respuestas.

Plataformas de Aprendizaje en Línea:

- **HydroLearn:** Plataforma de aprendizaje
en línea especializada en cursos de
hidroponía, que ofrece módulos desde
principiantes hasta avanzados.
- **AquaU:** Un sitio web de aprendizaje en
línea dedicado exclusivamente a la
acuaponía, con cursos interactivos y
estudios de casos.

Blogs y Canales de YouTube:

- **HydroBlog:** Un blog que cubre las últimas tendencias en hidroponía, con reseñas de productos, consejos y trucos.
- **Canal AquaFarm:** Canal de YouTube que ofrece tutoriales en video sobre cómo configurar y administrar un sistema acuapónico, entrevistas con expertos y recorridos por granjas acuapónicas exitosas.

Aplicaciones y Software:

- **HydroApp:** Una aplicación móvil que ayuda a los agricultores hidropónicos a monitorear sus sistemas, con recordatorios para el mantenimiento y una biblioteca de problemas comunes y soluciones.
- **Suite AquaTech:** Software para computadoras que ofrece herramientas avanzadas para el diseño, simulación y gestión de sistemas acuapónicos.

Comunidades y Grupos:

- **HydroCommunity:** Una comunidad en línea donde los entusiastas de la hidroponía pueden compartir sus

experiencias, hacer preguntas y obtener consejos.
- **AquaGroup:** Grupo de Facebook dedicado a la acuaponía, con miembros de todo el mundo que comparten fotos, historias de éxito y soluciones a problemas comunes.

Proveedores y Tiendas Especializadas:

- **HydroShop:** Tienda en línea que ofrece una amplia gama de productos y equipos para la hidroponía, con reseñas de clientes y soporte técnico.
- **AquaGoods:** Proveedor líder de equipos para la acuaponía, con una amplia gama de productos y guías detalladas sobre cómo usarlos.

En el mundo de la hidroponía y la acuaponía, los recursos siguen multiplicándose a un ritmo increíble. Este apéndice extendido proporciona una visión más profunda de lo que está disponible, pero como siempre, la clave del éxito en estos campos es la educación continua y la experimentación.

Conclusión: Revolucionando la Agricultura con Hidroponía y Acuaponía
El viaje a través del universo de la hidroponía y

la acuaponía ha revelado una realidad fascinante: la posibilidad de cultivar alimentos de manera revolucionaria, sostenible y altamente eficiente. Hemos explorado los principios básicos, el equipo, las técnicas avanzadas y las consideraciones económicas y ambientales. Estos métodos de cultivo representan no solo una solución a los problemas de la producción de alimentos tradicional, sino también una esperanza para un futuro en el que la agricultura pueda integrarse en el entorno urbano, reduciendo nuestro impacto ecológico.

Resumen de Puntos Clave:

1. **Introducción a la Cultura Sin Suelo:** La importancia de encontrar alternativas a la agricultura tradicional debido a la creciente demanda de alimentos y los desafíos ambientales.
2. **Principios Básicos de la Hidroponía:** La ciencia y las ventajas de cultivar plantas utilizando soluciones nutritivas en lugar de suelo.
3. **Principios Básicos de la Acuaponía:** La combinación de la acuicultura e hidroponía, aprovechando un ecosistema simbiótico entre peces y plantas.

4. **Componentes y Equipos:** La infraestructura fundamental necesaria para implementar estas técnicas.
5. **Sistemas Hidropónicos Populares:** Análisis de las técnicas más comunes y sus pros y contras.
6. **Configuración de un Sistema Acuapónico:** Consideraciones para la selección de peces y plantas y la creación de un equilibrio en el ecosistema.
7. **Nutrición y pH:** La importancia de monitorear y equilibrar los nutrientes y el pH para garantizar un crecimiento óptimo de las plantas.
8. **Manejo de Plagas y Enfermedades:** Estrategias preventivas y terapéuticas en un entorno sin suelo.
9. **Integración de Hidroponía y Acuaponía:** Cómo combinar las fuerzas de ambos métodos para optimizar la producción.
10. **Estudios de Caso y Éxitos Comerciales:** Ejemplos concretos de éxito en el campo.
11. **El Impacto Ambiental y la Sostenibilidad:** El gran potencial de estas técnicas para reducir el uso de recursos y mejorar la sostenibilidad.

12. **Automatización y Tecnología:** El surgimiento de innovaciones tecnológicas en la industria.

13. **Consideraciones Económicas:** Comprender el retorno de la inversión (ROI) y navegar por las inversiones necesarias.

14. **El Futuro de la Hidroponía y la Acuaponía:** Una visión general de las tendencias emergentes y los desafíos futuros.

15. **Recursos y Guías Prácticas:** Una guía para profundizar aún más en el tema y continuar aprendiendo.

Recursos Útiles:

- **Sitios Web:**
  - Hydroponic Society
  - Aquaponics Association
- **Libros:**
  - "The Complete Guide to Hydroponic Farming" por Paul Simmons
  - "Aquaponic Gardening: A Step-by-Step Guide" por Sylvia Bernstein
- **Foros y Comunidades:**
  - Hydroponics Forum
  - The Aquaponics Community

Te animamos a explorar estos recursos y a experimentar por ti mismo. El futuro de la agricultura podría ser más verde, más eficiente y más sostenible gracias a metodologías como la hidroponía y la acuaponía. La clave es el conocimiento y la voluntad de innovar. ¡Buena cosecha!